KB203620

마틴 로이드 존스

위로

D. Martyn Lloyd-Jones

Let Not Your Heart Be Troubled

마틴 로이드 존스

위로

정상윤 옮김

복 있는 사람

마틴 로이드 존스
위로

2009년 12월 3일 초판 1쇄 발행
2012년 3월 12일 초판 2쇄 발행
2014년 11월 14일 2판 1쇄 발행
2023년 5월 4일 2판 6쇄 발행

지은이 마틴 로이드 존스
옮긴이 정상윤
펴낸이 박종현

(주) 복 있는 사람
주소 서울특별시 마포구 연남동 246-21(성미산로23길 26-6)
전화 02-723-7183(편집), 7734(영업·마케팅)
팩스 02-723-7184
이메일 hismessage@naver.com
등록 1998년 1월 19일 제1-2280호

ISBN 978-89-6360-143-4 03230

이 도서의 국립중앙도서관 출판예정도서목록(CIP)은
서지정보유통지원시스템 홈페이지(http://seoji.nl.go.kr)와 국가자료공동목록시스템(http://www.nl.go.
kr/kolisnet)에서 이용하실 수 있습니다. (CIP제어번호 : CIP2014031527)

Let Not Your Heart Be Troubled
by D. Martyn Lloyd-Jones

차례

서문

아버지 마틴 로이드 존스[1899-1981]는 1951년, 런던 웨스트민스터 채플에서 이 설교를 전했습니다. 그 당시는 영국 국민들뿐 아니라 서구세계 전체가 어려움을 겪던 때였습니다. 제2차 세계대전이 끝난 지얼마 되지 않은 터라 경제적·정치적·국가적·개인적으로 많은 문제가 산적해 있었습니다. 냉전이라는 골치 아픈 문제도 있어서 서로가핵무기로 공격받을지 모른다는 위협을 느꼈습니다. 제1차 세계대전이 끝났을 때와 같은 들뜬 분위기는 전혀 없었습니다. 사람들은 여전히 근심하며 두려워했습니다.

　아버지는 이런 상황에서 이 짧은 연속설교를 전했습니다. 그리스도인들에게는 "지극히 거룩한 믿음 위에"[유 20절] 설 수 있도록 위로와 격려를 주며, 불신자들에게는 삶과 죽음의 문제에 직면할 수 있는유일한 방법을 알려 주려는 것이 이 설교의 목적이었습니다. 아버지는 사람들에게 친숙한 이 본문이 단지 장례식하고만 관련된 말씀이아니라 삶의 전 영역에 적용되는 말씀임을 밝히고자 했습니다. 아버지가 이 본문을 어떻게 다루었는지를 보면 그 사역의 특징을 알 수있을 것입니다. 아버지는 이 본문을 우리의 두려움을 진정시키기 위한 일종의 후렴구처럼 사용하지 않았습니다. 오히려 처음부터 끝까지 주의 깊게 살펴 나가면서, 두려움을 해결하기 위해서는 먼저 그 두려움과 대면해야 하며 그 두려움을 인정해야 한다는 점, 그에 대한 유일한 해결책은 오직 기독교 복음의 크고 불변하는 진리에 있음을 깨달아야 한다는 점을 보여주었습니다.

이처럼 아버지는 이 설교를 통해 복음의 진리—하나님을 믿는 믿음, 예수 그리스도와 그의 행하신 일을 믿는 믿음, 우리를 안전히 아버지 집으로 데려가신다는 약속의 확실성 등—를 밝히고 있습니다. 이것은 다 기초적인 교리들이지만, 아버지는 그 교리들을 냉정하게, 이성적으로만 다루지 않았습니다. 이 설교들이 시종일관 일깨우고 있는 것은 이 모든 교리를 가능케 한 사랑입니다.

아버지가 설교란 "불붙은 논리"라고 말한 적이 있는데, 이 설교가 바로 그러합니다. 후에 나온 큰 시리즈인 로마서나 에베소서 강해에 비해 길이는 짧을지 몰라도 진리와 영은 동일합니다.

말년에 아버지는 몸이 아주 쇠약해져, 본인이 일찍이 설교한 내용을 몸소 체험하기에 이르렀습니다. 어느 날 저녁 의사가 아버지에게 말했습니다.

"이렇게 약하고 지치고 울적하신 모습을 보니 마음이 안 좋군요." 그러자 아버지는 속삭이듯 말했습니다. "아니, 울적하지 않습니다!" 그러면서 고린도후서 4:16-18의 위대한 본문을 가리켜 보였습니다.

그러므로 우리가 낙심하지 아니하노니 우리의 겉사람은 낡아지나 우리의 속사람은 날로 새로워지도다. 우리가 잠시 받는 환난의 경한 것이 지극히 크고 영원한 영광의 중한 것을 우리에게 이루게 함이니 우리가 주목하는 것은 보이는 것이 아니요 보이지 않는 것이니 보이는 것은 잠깐이요 보이지 않는 것은 영원함이라.

아버지는 자신의 몸이 낫기를 기도하지 말라고도 했습니다. "내가 영광으로 나아가는 길을 막지 말아 다오."

아버지는 몇 달간 앓았지만 요한복음 14장의 위대한 진리에 굳게 붙들려 있었습니다. 그는 자신이 그토록 오랜 세월 신실하게 섬겨 온 구주께서 거처를 예비해 놓으신 것을 알고 있었습니다. 자신이 설교했던 마음의 평안과 영혼의 잔잔함이 어떤 것인지 알고 있었습니다.

1994년 9월 9일

엘리자베스 캐서우드 · 앤 비트

1

믿어야
한다

요 14:1

너희는 마음에 근심하지 말라.
하나님을 믿으니 또 나를 믿으라.

1.

너희는
마음에 근심하지 말라

요 14 : 1

너희는 마음에 근심하지 말라.
하나님을 믿으니 또 나를 믿으라.

이제 이 위대한 구절을 함께 고찰해 봅시다. 대부분의 주석가들은 이 구절을 "너희는 마음에 근심하지 말라. 하나님을 믿으라. 또 나를 믿으라"라고 번역하는 편이 더 낫다는 데 동의할 것입니다. 다시 말해서 두 문장 다 명령문으로 보아도 무방한 것입니다.

이것은 대다수 사람들에게 친숙한 구절입니다. 실제로 우리 주와 구주 되신 예수 그리스도의 말씀 중 가장 친숙하고 부드러운 말씀이라고도 할 수 있습니다. 그렇기 때문에 오히려 이 말씀과 이 말씀의 참된 의미를 제대로 알아보지 않고 마땅히 필요한 분석조차 건너뛸 때가 종종 있습니다. 성경에서 가장 영광스러운 말씀들을 문학적인 표현으로만 여겨 실제 메시지를 놓치는 경우가 허다하다는 것이야말로 큰 비극이라고 저는 생각합니다. 우리는 그 말씀들이 주는 일반적인 효과나 영향에만 만족할 뿐, 그 정확한 의미와 명확한 취지를 찾아내는 수고를 자청하지 않습니다.

장례식에서 가장 흔히 듣는 이 말씀은 특히 더 그렇습니다. 아무래도 위로와 위안에 대한 말씀이다 보니 무슨 아름다운 음악이나 멋진 화법처럼 여길 때가 너무나도 많습니다. 이렇게 아름다운 말씀을 분석한다는 것은 거의 신성모독이라고 말하면서, 더 이상 깊이 알아보지 않습니다.

> 너희는 마음에 근심하지 말라. 하나님을 믿으니 또 나를 믿으라. 내 아
> 버지 집에 거할 곳이 많도다. 그렇지 않으면 너희에게 일렀으리라. 내
> 가 너희를 위하여 거처를 예비하러 가노니 가서 너희를 위하여 거처를
> 예비하면 내가 다시 와서 너희를 내게로 영접하여 나 있는 곳에 너희
> 도 있게 하리라.……평안을 너희에게 끼치노니 곧 나의 평안을 너희에
> 게 주노라. 내가 너희에게 주는 것은 세상이 주는 것과 같지 아니하니
> 라. 너희는 마음에 근심하지도 말고 두려워하지도 말라^{요 14:1-3, 27}.

    우리는 이 말씀을 많이 들었습니다. 그런데 갑자기 누군가 종이
를 주면서 이 친숙한 말씀에 담긴 교리, 즉 이 말씀이 정확히 의미하
는 바가 무엇인지 앉아서 한번 써 보라고 하면 어떻게 될까요? 우리
에게도 이 말씀이 그렇게 일반적인 방식으로 다가오는 것은 아닙니
까? 우리는 이 말씀에서 아름다운 음악이나 사상이나 문학적인 표현
에서 얻는 것과 같은 일반적인 위안을 얻습니까, 아니면 이 말씀이
선포하는 교리를 깨달음으로써 위로와 위안을 얻습니까?
    주님이 이 말씀을 하신 목적은 전적으로 제자들을 가르쳐 진리
를 더 깊이 알고 이해하게 하시려는 데 있었습니다. 주님은 먼저 그
들의 마음을 다루시는데, 이것은 의미심장하고도 중요한 일입니다.
지금 이 말씀을 듣는 제자들은 거의 3년 동안이나 주님을 따라다녔

습니다. 그런데 이제 그들 곁을 떠나시게 된 것입니다. 삼십 대 초반이라는 이른 나이에 세상을 떠나신다는 이 말씀을 들은 제자들은 놀랐고 크게 상심했습니다. 주님은 말씀하셨습니다. "지금 인자가 영광을 받았고 하나님도 인자로 말미암아 영광을 받으셨도다.……작은 자들아, 내가 아직 잠시 너희와 함께 있겠노라. 너희가 나를 찾을 것이나 일찍이 내가 유대인들에게 너희는 내가 가는 곳에 올 수 없다고 말한 것과 같이 지금 너희에게도 이르노라"요 13:31, 33. 주님은 이 사실을 알리는 즉시 이들이 심란해하고 속상해하며 낙심할 것을 아셨습니다. 그들은 근심과 불안에 사로잡혔고, 갑자기 닥친 문제 앞에서 평안을 잃었습니다.

제자들이 왜 이렇게 예민하게 반응했는지 굳이 자세하게 살필 필요는 없을 것입니다. 물론 그것도 흥미롭고 중요한 주제이기는 하지만 지금 이 자리에서 다룰 필요는 없습니다. 아마도 주님께 지나치게 의존하고 있었던 탓이 클 것입니다. 전에는 주님 같은 분을 만나본 적이 없었습니다. 그들은 이런저런 인생의 기복도 겪고 문제도 겪으면서 평범한 삶을 살던 평범한 사람들이었습니다. 그런데 갑자기 주님을 만나 그의 부르심을 받고 따르면서 그와 동행하게 된 것입니다. 그것은 가슴 떨리는 굉장한 경험이었습니다. 그의 됨됨이는 아주 독특하면서도 특별했습니다. 그들은 이런 사람을 본 적이 없었습니다. 그에게는 무언가 다른 것이 있었습니다. 그의 눈을 들여다보면 자신들이 전혀 모르는 무언가가 있음을 알 수 있었습니다.

그의 비범한 가르침과 은혜로운 말씀, 지식과 명철의 말씀은 놀라운 것이었습니다. 기적을 행하시는 모습, 나병 환자들을 깨끗케 하시고 저는 자들을 걷게 하시며 눈먼 자들을 보게 하시고 심지어 죽은 자까지 일으키시는 모습 또한 놀라운 것이었습니다. 그들은 자신들도 모르는 사이에 그를 전적으로 의존하게 되었습니다. 아무래도 그런 상황에서는 스스로 생각을 하려 들기보다는 무조건 그에게 기대려는 유혹에 빠지기가 쉬웠을 것입니다. 그런데 그런 분이 갑자기 자신들 곁을 떠나신다는 것입니다. 제자들은 즉시 불안과 걱정에 사로잡혔습니다. 그렇다면 이제 전에 살던 곳으로 다 돌아가야 하는 것입니까? 아무 소망이 없던 과거의 삶으로 복귀해야 하는 것입니까? 그들은 생각했습니다. '주님 없이 어떻게 살지? 주님이 떠나시면 우리는 다 끝장이야. 다 망한 거라고.' 주님은 이런 그들의 생각을 아셨습니다.

아마 제자들은 주님에게서 자신들이 고대하던 메시아의 모습을 모호하고 희미하지만 확실하게 보았을 것입니다. 그들은 메시아와 그가 세울 나라에 대해 유대적인 개념을 가지고 있었는데, 그 개념은 주로 정치적인 것이었습니다. 그들은 주님이 왕으로 나서시지 않는 것을 보고 근심했습니다. 그래서 억지로 왕을 삼으려는 자들까지 나왔습니다. 그들은 멀지 않은 시점에 주님이 자신을 드러내시리라 생각하며 기다렸습니다. 언젠가는 왕이 되어 로마에 대규모 공격을 감행해서 폭정을 끝내고 근사한 나라를 세우실 것을 믿었습니다. 그런

데 이렇게 갑자기 떠나신다는 것입니다! 나라를 세우는 일 같은 것
은 시작도 하시지 않았습니다. 그래서 그들은 불행했습니다. 속은 듯
한 느낌, 거의 기만당한 듯한 느낌까지 받았습니다. 주님은 자신들이
기대했던 그런 분이 아니었습니다.

자, 그들은 필시 이런 생각을 많이 했을 것입니다. 여기에서 중
요한 점은 주님이 그들의 생각을 다 간파하셨다는 것입니다. 그는 제
자들이 심란해하며 불행해하는 것을 아셨고, 무엇보다 그 마음에 근
심이 있는 것을 아셨습니다. 그들은 마음에 "근심"했습니다. 그래서
이렇게 아주 특별한 방식으로 그들의 근심을 다루시며 영광스러운
위로의 말씀을 주신 것입니다.

이 지점에서 짚고 넘어가야 할 점이 한 가지 더 있습니다. 주님
이 인생의 어느 때 이 말씀을 하셨는지 꼭 기억해야 합니다. 주님은
십자가를 지시기 바로 전날 저녁에 이 말씀을 하셨습니다. 그는 자신
에게 곧 어떤 일이 닥칠 것인지 알고 계셨습니다. 변화산에 나타난
모세와 엘리야는 "장차 예수께서 예루살렘에서 별세하실 것"에 대
해 이야기했습니다^{눅 9:31}. 주님은 십자가에서 무슨 일이 일어날지 이
미 알고 계셨습니다. 친히 인류의 죄를 담당해야 함을 알고 계셨습니
다. 하나님이 자신에게 만인의 죄를 지우실 때 그의 존전에서 격리되
는 무서운 순간이 찾아오리라는 것을 알고 계셨습니다. 그 모든 것
을 아셨기에 후에 겟세마네 동산에서 말씀하셨듯이 그의 영혼은 "매
우 고민하여 죽게 되었"습니다^{마 26:38}. 그런데도 자신의 고민은 접어

둔 채, 불행에 빠진 제자들을 위로하신 것입니다. 그는 자기 앞에 닥친 문제보다 제자들의 불행에 더 마음을 쓰셨습니다. 그 결과, 바로 다음 날 십자가를 지실 분이 오히려 다른 이들을 위로하려고 자신을 아낌없이 내어 주는 이 놀라운 장면이 펼쳐지게 된 것입니다.

이것은 주님의 전형적인 특징입니다! 아시다시피 주님은 십자가에 달렸을 때에도, 손발에 잔인한 못질을 당한 후에도 이렇게 하셨습니다. 십자가에 달려 죽어 가면서도 옆에서 같이 죽어 가는 강도에게 시간을 내주신 것입니다. 이렇게 세상 죄를 다 짊어지고서도 함께 못 박힌 비참한 자를 돌아보실 만큼 그의 긍휼과 사랑과 연민과 이해심은 큰 것이었습니다.

제가 설교를 시작하면서 이 점을 강조하는 것은, 다른 무엇보다 먼저 우리가 지금 이야기하고 있는 예수, 우리가 관심을 갖고 살펴보려는 예수가 바로 이런 분임을 알아야 하기 때문입니다. 우리가 전하는 예수, 우리의 주와 구주 되신 예수 그리스도는 바로 이런 분입니다. 바로 이분이 신약 메시지와 복음의 중심에 계십니다. 그는 하나님의 아들임에도 우리가 있는 바로 그 자리에 언제라도 찾아와 만나 주시는 분입니다. 묻기도 전에 대답해 주시려고 우리의 마음과 생각을 읽는 수고를 마다치 않으시는 분, 우리의 필요와 불행한 마음을 미처 표현하기도 전에 먼저 알아채시고 위로해 주시는 분입니다.

그가 제자들에게 주신 이 말씀은 당연히 시기와 시대와 장소를 초월하여, 제자들처럼 마음에 근심하는 모든 이들에게 영원히 주신 말씀입니다. 그는 요한복음 14, 15, 16장에 걸쳐, 삶과 생존의 문제에 짓눌린 채 헤매는 모든 이들에게 궁극적인 위로와 위안을 주고 계십니다.

"세상 모든 이들에게 가장 필요한 것은 이른바 마음의 평안과 마음의 여유"라는 말은 여러 면에서 정직한 말이라고 생각합니다. 결국 우리 모두가 찾는 것이 이것 아닙니까? 평화라고 표현해도 괜찮습니다. 정신의 평화나 마음의 평화, 평온, 다 같은 말입니다. 우리는 모두 불안합니다. 심란합니다. 각기 다른 여러 가지 이유로 불행합니다.

우리 마음을 불안하고 어지럽게 만드는 한 가지 생각, 모든 사람에게서 평화를 앗아 가는 한 가지 생각이 있는데, 그것은 바로 죽음에 대한 생각입니다. 우리 모두 죽는다는 것은 중대하고도 확실한 사실입니다. 드고아 여인의 말이 맞습니다. "우리는 필경 죽으리니 땅에 쏟아진 물을 다시 담지 못함 같을 것이오나"^{삼하 14:14}. 이것을 생각하면 너무나 심란하고 근심이 됩니다. 히브리서 기자는 그리스도인이 되기 전에 우리는 모두 "죽기를 무서워하므로……종 노릇" 하고 있었다고 말합니다^{히 2:15}. 인간의 마음을 알았던 셰익스피어^{William Shakespeare}도 햄릿의 입을 빌어 이렇게 말했습니다. "죽음이 무서운 건 그 미지의 나라로 떠난 어떤 여행자도 다시 경계선을 넘어 돌아오지 못하기 때문이지"^{「햄릿」 3막 1장}.

햄릿은 이렇게 덧붙입니다. "그걸 알면 모두가 비겁자가 되어 버린다고." 그렇습니다. 이런저런 일들을 하다가도 그 "미지의 나라" 만 생각하면 모든 것이 엉망이 되어 버립니다. 이처럼 죽음은 우리의 마음을 불안하고 불편하게 만드는 원인이요 근심거리입니다.

또 다른 원인으로 세상살이에 자연히 따라오는 문제들, 살다 보면 앞서거니 뒤서거니 불가피하게 찾아오는 불행들―병과 사고, 실망스러운 일들, 재정적인 손실, 사업상의 문제, 자녀나 사랑하는 사람의 심각한 질병, 가까운 이의 죽음―이 있습니다. 이런 일들이 찾아와 우리를 시험하면 피하려야 피할 길이 없습니다. 우리는 모두 자신의 삶과 생활에 대해 계획을 세우고 싶어 합니다. 그러나 완벽한 계획을 세웠다고 생각하는 순간, 갑작스러운 변고가 찾아옵니다. 그러면 세상이 전부 흔들리면서 모든 것이 뒤죽박죽이 되어 버립니다. 우리는 병을 피할 수가 없습니다. 사건도 반드시 일어나게 마련입니다. 이것이 인생의 비극입니다.

이 모든 원인에 더하여 이 시대가 야기한 특정한 문제들도 있습니다. 어느 시대에나 인류는 앞서 말한 문제들에 시달렸습니다. 그런데 우리는 그에 더하여 전쟁의 가능성과 그 밖의 많은 위협이 상존하는 불확실한 세계에 살고 있습니다. 가장 큰 문제는 이런 현실 앞에서 과연 마음의 평안을 얻을 수 있느냐 하는 것입니다. 현대의 문학작품이나 대다수 사람들의 행동을 분석해 보면 사람들이 어떤 형태, 어떤 모양으로든 마음의 평안을 얻기 위해 애쓴다는 것을 알 수 있습니다.

그러므로 우리는 무엇이 진정 마음의 평안을 주는지 감별할 필요가 있습니다. 일단 현실적인 태도를 가지고, 기독교 복음만 마음의 근심에서 벗어나게 해주겠다고 약속하는 것은 아니라는 사실부터 인정해야 합니다. 평안을 준다고 말하는 방법들이 기독교 밖에도 많이 있습니다. 따라서 저는 먼저 부정적인 접근부터 하려 합니다. 잘못된 해결책을 붙잡고 있으면서 만족하지 못하는 사람들이 복음을 들어야 하기 때문에, 그 잘못된 해결책들부터 다룬 후에 참된 해결책을 다루도록 하겠습니다.

복음은 마음의 평안뿐 아니라 다른 해결책들은 결코 줄 수 없는 것을 준다고 주장합니다. 물론 오늘날 사람들은 이런 주장을 좋아하지 않습니다. 이것은 "관용이 없는" 주장이라고 말합니다. 우리가 살고 있는 이 시대 사람들이 늘 하는 말은 "모든 종교가 모여 세계대회를 열면 좋겠다. 그렇게 한자리에 모여 각 종교의 장점을 취합하면 좋겠다"라는 것입니다. 그러나 예수 그리스도의 복음은 그렇게 할수가 없습니다. 복음은 배타적인 것입니다. 그리스도, 오직 그리스도 한분만 참된 평안을 주실 수 있다고 도전합니다.

그렇다면 과연 사람들이 제시하는 다른 방법들로 평안을 얻을 수 있는지 알아봅시다. 그 방법 중에 한 가지는 아예 생각이라는 것을 하지 말라는 것입니다. 이 방법을 가장 먼저 다루는 것은 이것이 가장 흔한 방법이기 때문입니다. "어리석게 이런 세상에서 생각이라는 걸 하다니, 그런 사람은 불행해지는 것도 놀랄 일이 아니오, 어떤 면에서는 불행해지는 것이 당연하다"라는 말이 점점 더 많이 들려오고 있습니다. 계속 생각하기를 고집하는 것이야말로 전적인 문제라는 것입니다. 이제 생각은 그만하고 동물처럼 자연으로 돌아가서 살면 모든 문제가 풀린다는 것입니다. 이것이 D. H. 로렌스Lawrence의 철학입니다. 그는 뇌의 고등한 부분이 과도하게 발달했기에 하등한 삶으로 돌아가야 훨씬 더 행복해진다고 했습니다. 로렌스처럼 철학적인 방식을 사용하지는 않더라도, 많은 이들이 같은 말을 하고 있습니다. "행복해지고 싶으면 근심을 떨쳐 버리라"라는 것입니다. 그래서 여러분은 가능한 한 사람을 만나는 일이나 놀러 가는 등의 여러 가지 용무로 일정표를 빼곡히 채웁니다. 다시 말해서 도피해 버리는 것입니다.

마음의 평안을 얻는 또 다른 방법은 이른바 **낙관주의** 철학을 신봉하며 받아들이는 것입니다. 여전히 많은 이들이 이 철학을 따르는 것을 보면 놀랍습니다. 낙관주의는 다양한 형태와 모양으로 나타납니다. 어떤 이들은 인간이 필연적으로 더 나은 삶을 향해 진화한다는 믿음을 악착같이 고수합니다. 모든 문제와 근심거리가 사라지는 더 고등한 상태, 더 완벽한 상황으로 인류 전체가 점차 진화하고 있다는 것입니다. 지난 100년간 무슨 일이 일어났는지 알면서도 여전히 그렇게 믿습니다! 꼭 이런 식으로 말하지는 않지만 "괜찮아. 잠시 후퇴하는 것뿐이야. 점점 더 나아질 거야"라는 식의 낙관주의를 고수하는 이들도 있습니다. 제2차 세계대전이 일어나기 전의 사람들이 그

랬습니다. 마지막 순간까지도 히틀러$^{Adolf\ Hitler}$가 지혜로운 쪽을 택하리라고 믿어 마지않았습니다. 이것은 낙관주의에 대한 맹목적인 믿음입니다. 사람들은 이런 태도를 자랑스러워합니다. 사물의 밝은 면만 보면서 무슨 일이 닥쳐도 늘 웃음 짓는 것을 자신들의 의무로 여깁니다. 많은 이들이 이런 방법으로 마음의 평안을 얻으려 하고 있습니다.

단계를 좀 더 높여서 또 다른 잘못된 소망, 제가 **운명론**이라고 부르는 철학을 살펴보도록 합시다. 저는 요즘 이 철학이 점점 더 확산되고 있다고 생각합니다. 운명론의 가장 단순한 형태는 이렇게 말하는 것입니다. "어차피 일어날 일이 일어나는 거야. 세상에서 생각하고 걱정하고 계산해 봐야 다 쓸데없는 짓이라고. 자꾸 생각을 하는 게 외려 더 문제라니까. 생각하면 할수록 근심만 늘어난다는 걸 알면 다 포기하고 속 편하게 지낼 수 있는데 말이야. 근심거리를 붙잡고 씨름을 하면서 자꾸 예측하려 드니까 속이 그렇게 시끄러운 거지. 결국은 다 팔자소관이야. 그러니까 생각을 할 필요가 없어. 그냥 일어날 일이 일어나려니 하고 기다려 보라고. 그러다 보면 잠시나마 근심을 잊고 편하게 지낼 수 있다니까." 많은 이들이 이 방법으로 자기 마음을 달래고 참된 평화를 얻을 수 있다고 생각합니다.

또 다른 방법은 **심리학적인 방법**입니다. 이 방법은 우리와 우리의 정신을 능동적이고 적극적으로 다루려 한다는 점에서 앞의 방법들과 약간 차이가 있습니다. 그러나 실상은 마음과 생각을 조종할 수

너희는
마음에 근심하지 말라

있도록 훈련하는 장치에 불과합니다. 어떤 의미에서 문제 그 자체에는 아무런 관심이 없습니다. 그 문제에 대한 우리의 반응에만 관심이 있을 뿐입니다. 심리학자는 정신의 평안을 주고 싶어 합니다. 이것이 그의 목표입니다. 어떤 유형의 치료든지 심리치료의 영역에서 하는 말은 다 똑같습니다. "왜 걱정하십니까?"라는 것입니다. 그들은 여러 가지 방법으로 걱정이 얼마나 어리석은 것인지 보여주려 합니다. 그리고 아름답고 유쾌한 것들을 생각해 보라고 권합니다. 의도적으로 생각을 다잡아 다른 데로 돌려야 한다고 말합니다. 그래서 사람들은 마음이 흔들릴 때 심리학자나 정신과 의사에게 달려갑니다.

이보다 한 단계 위에는 참고 견디는 태도, 즉 극기(克己)의 태도가 있습니다. 오늘날 사람들이 더 선호하는 표현을 쓰자면 '과학적인 태도' 내지는 '심리적인 침착성'이라고도 할 수 있습니다. 이것을 말하는 사람들이 많이 있습니다. 그들은 감정만 지키면 된다고 합니다. 쉽게 감정의 영향을 받는 것이 문제라고 합니다. 감정이 올라올 때 마음이 흔들리고 불행해진다고 합니다. 그들이 제시하는 해결책은 바로 이 가르침을 받아들이는 것입니다. 한 걸음 물러나 심리적인 침착성을 유지하는 것입니다. 과학자처럼 하는 것입니다. 이것은 전혀 새로울 것이 없는 주장입니다. 스토아 철학자들도 오래전에 똑같은 주장을 했습니다. 감정과 느낌을 늘 신중하게 통제해야 휘둘리지 않는다는 것이 스토아 철학의 핵심이었습니다. 그러니까 자신을 통제하고 감정을 다스리면서 "객관적인 태도를 갖자. 과학적인 태도를 갖자. 이런 감정에 빠지지 말자"라고 다짐하라는 것입니다.

이제 마지막으로 크리스천 사이언스 같은 여타의 종교와 사교 집단이 제시하는 철학을 살펴봅시다. 크리스천 사이언스는 사람들을 근심과 걱정에서 해방시켜 주며 어떤 상황에서도 흔들림 없이 평온하게 해주겠다는 취지에서 출발한 종교입니다. 물론 다른 사교들도 같은 목적을 달성하기 위해 애쓰고 있습니다. 제가 이런 "여타의 종교와 사교집단"의 이야기를 하는 것은 오늘날 이런 종교의 수가 눈에 띄게 늘고 있기 때문입니다. 주로 동양에서 발원한 이 종교들은 근심에서 벗어나 마음의 평안을 얻는 길을 제시합니다. 사람들은 불교나 힌두교나 그 밖의 종교에 새롭게 관심을 보이고 있습니다(한때 지식인을 자처했던 사람들이 결국 불교나 동양의 종교 및 여러 형태의 신비주의로 돌아서는 것을 보면 아주 흥미롭습니다. 그들은 문제에 정면으로 부딪쳐 보았지만 실패했습니다. 그래서 도달한 결론이 오직 신비주의—우주의 중심으로 들어가 만물의 배후에 있는 영과 합일되는 것—에 구원이 있다는 것입니다). 많은 이들이 이 방법을 통해 근심에서 벗어나 마음의 평안을 얻으려 하고 있습니다.

이 자리에서 이런 방법들을 전부 다룰 수는 없는 것이 분명합니다다만, 이런 방법들에 공히 해당되는 특징은 짚고 넘어가야겠습니다. 첫째로, 제가 볼 때 이런 방법들은 결국 비관적이고 절망적이라는 점에서 다 똑같습니다. 심각한 비관주의에 빠진 사람은 생각하기를 거부합니다. "명석한 젊은이들", 쾌락을 위해 살면서 "비참한 그리스도인들과 비교하면 우리는 얼마나 행복한가!"라고 말하는 젊은이들을 보며 늘 안타까움을 느끼는 이유가 여기 있습니다. 사실 그들은 삶이 너무나 두렵기 때문에 감히 그것에 대해 생각할 엄두를 못 내는 것입니다. 이것은 비관주의 중에서도 가장 심각한 비관주의입니다.

오늘날 눈앞의 현실을 직시하지 않는 딱한 낙관주의에 대해서도 똑같은 말을 할 수 있습니다. 인간이 진보하고 있으며 진화하고 있다는 증거는 어디에도 없습니다. 아무런 소망을 찾을 수 없기는 운명론도 마찬가지입니다. 운명론자들은 말합니다. "다 무슨 소용이야? 일어날 일은 어차피 일어나게 마련인데. 그러니 대책을 세울 필요도 없고 머리 싸매고 생각할 필요도 없어."

참고 견디는 태도도 마찬가지입니다. 이런 태도를 가진 사람들은 "어차피 벌어진 일이니 어떻게든 참아야 해"라고 말합니다. 여기에도 소망은 없습니다. 앞서 말했듯이 심리학 또한 문제를 직시하지 않습니다. 문제를 만지작거릴 뿐이며, 현실을 애써 외면하고 태연한 척할 뿐입니다. 여타의 종교와 사교집단들도 마찬가지입니다. 그들은 인간이 여러 번 환생을 거치다 보면 마침내 우주와 합일에 이를 수 있다고 말합니다. 이 또한 심각한 비관주의입니다. 이런 견해들은 어떻게든 살아갈 수 있도록 돕기 위해 고안된 장치들에 불과합니다. 문제를 미루는 일만 도와줄 뿐, 근본적으로 해결해 주지는 못합니다. 이 중 어느 방법도 우리에게 참 기쁨과 만족을 주지 못합니다.

그러나 제가 무엇보다 강하게 비판하는 점은, 이런 방법들이 전부 문제를 개인에게 떠넘긴다는 것입니다. 동양의 종교들이 그렇습니다! 여러분도 그런 종교들이 문제를 개인에게 떠넘긴다는 사실을 알 것입니다. 각자가 알아서 무서운 시련을 헤쳐 나가야 합니다. 각자가 알아서 몸과 마음을 비롯한 모든 부분을 훈련해 나가야 합니다. 동양의 종교들은 어떤 형태, 어떤 모양으로든 스스로 자신을 구원할 것을 요구합니다. 그렇게 함으로써 문제를 우리에게 떠넘겨 버립니다. 앞서 말했듯이 이른바 '지식인들'이 불교로 귀의하는 것은 매우 의미심장한 현상이라고 생각합니다. 이런 방법들을 시도하려면 지식이 있어야 합니다. 이런 것들은 모든 해결을 우리에게 떠넘기기 때문에, 또 이런 방법들로 평안을 얻기 위해서는 많은 시간을 들여야 하기 때문에, 평범한 사람은 시도할 수가 없습니다. 직장 일이나 가족 일, 집안 일, 그 밖의 여러 가지 일들로 바빠서 훌륭한 철학사상을 읽을 여유가 없는 사람은 아예 시도할 수가 없는 것입니다. 평범한 사람은 이렇게 긴 훈련과 기도의 과정을 거칠 시간이 없습니다. 그런 사람들은 동양의 종교에서 아무것도 얻을 수가 없습니다.

또 심리학의 문제는 마음의 평안이 아닌 신경의 평안을 주려 한다는 데 있습니다. 편파적으로 말하고 싶지는 않습니다. 심리학이 신경은 어느 정도 편하게 해줄 수 있습니다. 그러나 우리에게 필요한 것은 그것이 아닙니다. 우리에게 필요한 것은 마음의 평안입니다. 신경을 편하게 해주는 것도 그 나름대로 감사한 일이기는 합니다. 그러나 여러분이 원하는 바가 단지 표면적으로만 안식을 누리는 것입니까? 존재의 중심, 깊은 곳에서부터 안식을 누리고 싶지 않습니까? 바로 이 점에서 복음은 자신만이 우리의 가장 깊은 필요를 채워 줄 수 있고 해결해 줄 수 있다고 주장합니다. 요한복음 14장이 말하는 바가 바로 그것입니다.

지금은 이 주제를 소개만 하고 넘어가겠습니다. 일단 개요만 말씀드리고 나중에 자세히 살펴보려 합니다. 이것은 권위 있는 말씀입니다. 역사가 처음 열릴 때부터 진리를 주신 분의 말씀입니다. 지금 주님 앞에 있는 이 제자들 속에서 역사했던 말씀입니다. 이들은 복음을 듣고 자신들의 삶으로 그것을 입증했습니다. 로마제국의 무력과 폭정 및 잔인한 박해에 능히 대항했으며, 넉넉히 이기고 승리함으로 기뻐했습니다. 사도와 순교자들과 초대교회 신앙고백자들의 위대한 이야기를 읽어 보십시오. 이 말씀은 과거에도 역사했고, 지금도 역사하고 있습니다.

다른 일반적인 이야기도 몇 가지 해야겠습니다. 무엇보다 먼저 제가 생각하는 복음의 가장 큰 차이점은 항상 현실을 직시한다는 것, 늘 실제적이라는 것, 어떤 사실도 감추지 않는다는 것입니다. 요한복음을 읽어 보십시오. 주님이 제자들에게 최악의 현실을 있는 그대로 말씀해 주시는 것을 알 수 있습니다. 다른 가르침이나 철학들은 애써 감추려 드는데 말입니다. 최악의 현실에 대한 이야기를 듣고 그것을 직시하지 않는 한, 진정한 마음의 평안은 찾아오지 않습니다. 그 이야기를 듣고 직시할 때에야 비로소 극복할 수가 있는 것입니다. 속임수를 쓰는 가르침을 믿을 수는 없는 노릇입니다. 최악의 상황 같은 건 없다고 말하는 철학은 쓸모가 없습니다. 고통이 존재하지 않는다면 나도 고통을 겪지 말아야 합니다. 그러나 고통은 엄연히 존재합니다. 물론 그런 말이 심리적으로 도움이 된다는 것은 압니다. 잠시 동안은 자신을 설득할 수 있습니다. 그 거짓말을 믿고 안도할 수 있습니다. 그러나 내가 정말 원하는 바는 그렇게 고통을 달래기만 하는 것이 아닙니다. 내가 원하는 바는 그 병을 직시하고 그 병과 맞서 싸우는 것입니다.

복음의 매력은 사실성에 있습니다. 복음은 "자, 근심일랑 잊어버리고 아름다운 생각만 하자"라고 말하지 않습니다. 오히려 "세상에서는 너희가 환난을 당"한다고 말합니다[요 16:33]. 사탄이 다스리고 있는 이 세상에는 "난리와 난리 소문"이 있게 마련이라고 말합니다[마 24:6]. 심리학은 잠시나마 근심을 잊게 하려고 애쓰지만 복음은 그렇지 않습니다. 그러다 보니 예배장소를 단지 아름다운 말을 듣는 곳으로 생각하며 거기 앉아 있는 동안이라도 자신이나 세상의 문제를 잊으려 드는 사람들은 예수 그리스도의 복음을 늘 불쾌하게 여길 수밖에 없습니다. 그들에게 복음은 확실히 불쾌한 것입니다.

복음은 우리를 현실과 대면시킵니다. 복음은 한 인격에 모든 토대를 두고 있으며, 역사적인 사건에 그 토대를 두고 있습니다. 복음은 나를 찾아와 "마음에 근심하지 말라"라고 말합니다. 그러면서도 겟세마네와 예수가 재판받고 십자가에서 잔인하게 처형되는 현장, 몸이 다 찢겨서 무덤에 장사되는 현장, 극한 절망과 좌절의 현장을 보여줍니다. 그리고 그 후에야 부활과 영광스러운 승천 및 성령의 오심을 이야기하면서 우리를 완전히 다른 자리로 데려갑니다. 현실의 터널, 어둠의 터널을 다 통과시킨 후에야 그 끝에 있는 새벽빛을 보여주는 것입니다.

그뿐 아니라 복음의 매력은 수긍할 만한 설명을 해준다는 데 있습니다. 복음은 역사의 원리를 제시합니다. 사실을 나열만 하는 것이 아니라 설명해 주며, 일관된 하나의 덩어리로 묶어 줍니다. 나중에 다루겠지만, 성경에는 삶을 바라보는 중대한 관점이 담겨 있습니다. "괜찮습니다. 그런 생각은 이제 하지 마십시오. 당신은 죽은 후에 다른 모습으로 다시 태어날 겁니다. 여러 번의 환생을 거치다가 마지막에는 광대한 우주와 합일에 이를 것입니다"라는 식의 말은 궁극적인 도움이 되지 못합니다. 나는 모든 문제가 내 육체에 있다고 생각지 않습니다. 오히려 문제는 내 영혼에 있음을 알고 있습니다. 내 정신을 만족시킬 무언가가 있어야 합니다. 나는 삶을 직시하고 싶습니다. 왜 삶이 이 지경이 되어 버렸는지 설명을 듣고 싶습니다. 그런데 그 설명을 해주는 것은 복음, 오직 복음밖에 없습니다.

무엇보다 큰 복음의 매력은 모든 해결을 나에게 떠넘기지 않고 하나님의 능력에 연결시킨다는 것입니다. "너희는 마음에 근심하지 말라." 어떻게 근심하지 않을 수 있습니까? 그리스도는 "하나님을 믿으니 또 나를 믿으라"라고 하십니다. 다시 말해서 "나를 신뢰하라"라는 것입니다. 사람들이 바쁜 일상생활에 쫓기며 피곤한 삶을 살고 있다는 말은 이미 했습니다. 그들은 "신비한 방법"을 따르려야 따를 수가 없습니다. 그렇다면 그런 이들에게 제시할 수 있는 방법이 무엇일까요? 그런 이들에게 마음의 평안을 주지 못하는 복음은 복음이라고 할 수 없습니다. 그러나 감사하게도 제가 가진 복음은 평안을 주는 복음입니다. 세상을 뚫고 나가 승리하신 분, 죽음과 무덤까지 정복하신 분이 "그날에는 내가 아버지 안에, 너희가 내 안에, 내가 너희 안에 있는 것을 너희가 알리라" 하셨다고 말하는 복음입니다. 죽음과 무덤을 이기신 하나님의 아들, 그 누구도 그 무엇도 궁극적으로 대항할 수 없는 아들의 힘과 능력이 우리의 말할 수 없는 연약함 속으로 흘러 들어온다고 말하는 복음입니다.

"너희는 마음에 근심하지 말라. 하나님을 믿으니……." 그렇습니다. 하나님, 구약의 하나님, 약속의 하나님, 언약의 하나님, "내 부모는 나를 버렸으나 여호와는 나를 영접하시리이다"라고 시편기자가 말했던 이 하나님을 믿으십시오 시 27:10. 이 하나님은 인간에게 복을 주고 평화와 기쁨을 주며 그들을 자녀 삼기 원한다고 태초부터 말씀하신 분입니다. 이 하나님을 신뢰해야 합니다. 그렇습니다. 그런데 사실은 그를 신뢰하기 힘들 때가 많지 않습니까? 그 이야기가 요한복음 14장에 나오고 있습니다. 제자 빌립이 주님께 한 말의 요지는 이것입니다. "하나님을 알 수만 있다면 좋지요. 하지만 하늘에 계신 하나님을 우리 아버지로 생각하긴 어렵네요." 주님은 이렇게 대답하셨습니다. "빌립아, 내가 이렇게 오래 너희와 함께 있으되 네가 나를 알지 못하느냐?"⁸⁻⁹절 그는 말씀하십니다. "하나님을 믿으라. 또 나를 믿으라. 나를 믿지 않으면 아버지도 결코 알 수 없다."

도마도 문제를 안고 있었습니다. 그가 말한 요지는 "주님이 말씀하시는 그 '길'이 무엇인지 도대체 모르겠습니다"라는 것이었습니다. 주님은 그에게 위대한 답변을 주셨습니다. "내가 곧 길이요 진리요 생명이니 나로 말미암지 않고는 아버지께로 올 자가 없느니라"⁵⁻⁶절. 또 기도에 대해 말씀하시면서—우리는 이 말씀을 어렵게 느낄 때가 참 많습니다—"그렇다. 나는 곧 하나님께로 갈 것이다. 너희가 내 이름으로 무엇을 구하든지 내가 그대로 시행하겠다"라고 하셨습니다¹⁴절 참조.

그러나 우리는 말합니다. "우리는 너무 약한 사람들입니다. 이런 우리가 어떻게 세상을 뚫고 나가겠습니까?" 주님은 우리에게 "내가 너희를 아무 위로 없이 버려두지" 않겠다KJV, "I will not leave you comfortless"고 하십니다.¹⁸절 번역하면 "고아와 같이 버려두지" 않겠다우리말 개역개정는 것입니다. 그러면서 "다른 보혜사"Comforter를 보내 주겠다고 하셨습니다. 이것이 바로 성령의 은사에 대한 복된 교리입니다. 성령이 오셔서 우리 안에 거하시며 모든 것을 계시하시고 설명해 주실 뿐 아니라 힘과 능력과 활력을 주신다는 것입니다.

요한복음은 그 모든 이야기를 해주고 있습니다. 여러분을 격려하기 위해 요약해서 말씀드리겠습니다. 나사렛 예수라는 분이 세상에 사셨습니다. 지금 여러분에게 "너희는 마음에 근심하지 말라.……나를 믿으라"라고 말씀하시는 분이 바로 그분입니다. 이 말씀의 뜻은 "나에게 와서 근심을 털어놓아라. 하나님에 대해 느끼는 어려움, 기도할 때 느끼는 어려움, 너의 약한 의지와 실패에 관련된 어려움을 전부 다 털어놓아라"라는 것입니다.

여러분을 불안하게 만들고 불편하게 만드는 원인이 무엇이든 상관없습니다. 전쟁이 원인일 수도 있고, 질병이나 사업상의 문제가 원인일 수도 있으며, 도덕적으로 연약한 의지력이 원인일 수도 있습니다. 무엇이 원인이든, 무슨 근심이 여러분을 불행하게 만들고 있든 개의치 말고 그분께 나아가십시오. 그는 죽음도 불사할 정도로 여러분을 사랑하시는 분입니다. "수고하고 무거운 짐 진 자들아, 다 내게로 오라. 내가 너희를 쉬게 하리라"라고 초청하신 분입니다^{마 11:28}. 이제는 더 이상 불행할 필요도 없고 불안할 필요도 없습니다. 하나님을 믿으십시오. 하나님의 아들 예수 그리스도를 믿으십시오. 예수는 바로 그런 불행과 불안에서 여러분을 구원하기 위해 이 땅에 오신 분이요, 하나님과 여러분을 가로막는 장벽을 전부 무너뜨리신 분이요, 바로 지금 이 자리에서 능히 여러분에게 안식과 평화를 주실 수 있는 분입니다.

2.

하나님을
믿으라

사 44:6

이스라엘의 왕인 여호와, 이스라엘의 구원자인 만군의 여호와가 이같이 말하노라.
나는 처음이요 나는 마지막이라.
나 외에 다른 신이 없느니라.

우리는 주님이 요한복음 14:1에서 "너희는 마음에 근심하지 말라. 하나님을 믿으니 또 나를 믿으라"라고 말씀하신 이유를 살펴보고 있는 중입니다. 기억하시겠지만, 주님은 곧 제자들을 떠날 것이라고 말씀하신 직후에 일차적으로 그들을 위로하기 위해 이 말씀을 주셨습니다. 그들은 실망하고 슬퍼했으며, 장래를 생각하며 두려워했습니다. 그래서 그 두려움을 해결해 주시려고 이 말씀을 하신 것입니다. 그렇다고 이 위로와 위안이 처음 말씀을 들은 제자들에게만 해당하는 것은 아닙니다. 이 메시지는 현대세계에도 똑같이 적용됩니다. 그뿐 아니라 주님이 제시하신 방법은 제자들에게서 이미 그 효력이 검증된 방법—제가 계속 강조했듯이—이기도 합니다. 그들이 맹렬한 핍박 속에서도 함께 모여 기도했던 일과 주님의 이름을 위해 능욕받는 일에 합당한 자로 여겨 주심을 오히려 감사했던 일을 여러분도 기억할 것입니다.

우리는 이 점을 생각하면서, 마음의 평안을 얻는 문제 전반에 대한 논의를 시작했습니다. 현재 사람들이 제시하고 있는 잘못된 방법들을 고찰했으며, 그 방법들이 이 문제를 전혀 해결하지 못한다는 사실을 알았습니다. 그리고 주님이 제시하신 방법을 살펴보기 시작했습니다. 이제 그 방법을 좀 더 자세히 고찰해 봅시다. 주님은 이 한 말씀으로 모든 내용을 요약하고 계십니다. "너희는 마음에 근심하지 말라." 어떻게 근심하지 않을 수 있습니까? "하나님을 믿으니 또 나를 믿으라"라는 것이 그 대답입니다.

그러므로 우리가 첫 번째로 해야 할 일은 하나님을 믿는 것입니다. 언제나 이것이 출발점이요, 인류에게 평안을 주는 성경의 방법을 이해하는 열쇠입니다. 성경의 일차적인 관심은 마음의 평안을 주는 데 있지 않고, 다른 데 있습니다. 이 점은 아무리 강조해도 지나치지 않습니다. 성경의 일차적인 관심은 훨씬 더 중요한 데 있습니다. 성경의 목적을 알지 못하는 한, 우리가 성경적인 방법이라고 말하는 이 방법의 핵심이 바로 그 목적에 있음을 알지 못하는 한, 우리는 속수무책으로 헤맬 수밖에 없습니다. 우리의 문제점은 항상 이런 부수적인 것들을 직접적인 목표로 삼기 쉽다는 것입니다. 우리는 늘 즉각적인 위안, 즉각적인 위로를 구합니다.

물론 우리는 다른 모든 영역, 모든 분야에서도 그렇게 합니다. 항상 느끼는 바이지만, 우리 신체를 예로 드는 것이 가장 좋습니다. 아픈 사람은 대개 그 병 자체에는 별 관심이 없습니다. 그의 관심은 당연히 그 병 때문에 겪어야 하는 고통에 있습니다. 통증이 심하든 숨이 차든 또 다른 문제가 있든 간에 환자는 언제나 증상에 관심을 기울입니다. 그의 소원은 그 증상을 가라앉히는 것입니다. 이것이 아주 자연스러운 반응이라는 사실은 저도 인정합니다. 통증에서 벗어나고 싶어 하는 것이 잘못은 아닙니다. 통증에 시달려서 좋을 것은 없습니다. 그러나 강조할 점이 한 가지 있습니다. 성경은 단순히 통증을 가라앉히는 데만 관심을 가져서는 안 된다고 가르칩니다.

죄를 지은 사람은 후회합니다. 괴로워합니다. 그의 한 가지 바람은 바로 그 괴로움을 처리하는 것입니다. 그러나 사실 그에게 필요한 바는 즉각적인 위로 그 이상의 것입니다. 병이나 마음의 괴로움에서 비롯된 불쾌한 증상을 가라앉히는 것만으로는 충분치 않습니다. 모든 면에서 우리가 항상 관심을 가져야 할 바는 건강이기에, 증상만 가라앉히는 것은 사실상 아주 해로운 행동입니다. 우리는 건강해지는 것을 목표로 삼아야 합니다. 소극적으로 불편한 증상만 처리할 것이 아니라 적극적으로 건강한 상태가 되어야 하는 것입니다.

바로 이 점에서 우리는 성경 및 성경적인 방법의 중대한 차이점 및 특징을 만나게 됩니다. 아시다시피 오늘날 세상이 제시하는 다른 방법들은 거의 다 통증을 즉시 가라앉히는 데에만 관심을 기울입니다. 형태는 다르지만 전부 마약인 셈입니다. 그 방법들의 유일한 관심사는 단 한 가지, 통증을 진정시키는 것뿐입니다. 많은 이들이 그같은 태도로 하나님과 하나님의 집에 나아와, 일시적으로 통증을 가라앉혀 주며 자신들을 행복하게 해줄 것을 기대합니다. 그러나 성경은 통증과 근심의 해소나 행복, 기쁨, 평안은 항상 부산물로 주어지는 것이라고 가르칩니다. 항상 다른 무언가에 따르는 결과물로 주어진다는 것입니다. 성경이 직접 우리에게 주는 것은 이런 것들이 아닙

하나님을
믿으라

니다. 이런 것들은 항상 다른 무언가가 선행된 후에 주어집니다.

주님은 산상설교를 하시면서 이 점에 대해 고전이 될 만한 말씀을 해주셨습니다. "주리고 목마른 자는 복이 있나니." 행복과 기쁨과 평안에 주리고 목마른 자들이 복이 있다고 하셨습니까? 아닙니다. "의에 주리고 목마른 자는 복이 있나니 저희가 배부를 것임이요"^{마 5:6}. 다시 말해서 행복이나 기쁨이나 평안 자체를 삶의 목적과 목표로 삼는 사람은 절대 그것을 얻지 못한다는 것입니다. 의를 주된 목적으로 삼을 때, 주리고 목마르다고 표현할 정도로 의와 참된 삶에 온 관심을 기울일 때 비로소 복이 충만히 임한다는 것입니다. 이처럼 복은 뒤따라오는 것입니다.

이것이 절대적으로 중요한 기본 진리라는 제 말에 여러분도 동의하리라 생각합니다. 단순히 여러분이 원하는 바를 얻기 위해 기독교 신앙을 찾는다면, 그 원하는 바도 얻지 못할 뿐 아니라 다른 것도 얻지 못할 것입니다. 성경은 성경이 제시하는 방법대로 읽어야 합니다. 성경이 제시하는 기준대로 받아들여야 합니다. 하나님과 관계를 맺기 시작하는 그 순간부터 우리에게 지름길이란 없습니다. 하나님은 중심을 요구하십니다. 전적인 충성을 요구하십니다. 그리스도의 복음에서는 그 어떤 것도 덜어 내면 안 됩니다. 수정이나 가감 없이, 있는 그대로 받아들여야 합니다. 그러므로 여러분이 복 받기를 원한다면 의에서 출발해야 합니다. 그렇지 않으면 복을 받을 수 없습니다.

같은 사실을 보여주는 다른 예, 다른 본보기가 있습니다. "너희는 마음에 근심하지 말라." 마음의 평안을 얻고 싶습니까? 주님이 제자들에게 말씀하신 요지는 이것입니다. "좋다. 마음의 평안을 얻는 **직접적인** 수단을 논할 생각은 없다. 마음의 평안을 원한다면 이렇게해라. 하나님을 믿어라. 또 나를 믿어라." 성경은 우리의 원래 상태와형편을 살펴보기 전에, 지금 세상에서 어떤 삶을 살고 있는지 살펴보기 전에, 하나님과 우리의 관계부터 살펴보라고 초청합니다. 저는 세상이 이 지경이 된 이유는 분명하다고 생각합니다. 모든 사람이 행복 그 자체를 곧장 얻으려 했기 때문에 이 지경이 된 것입니다. 기본원리를 무시하면 반드시 실패하고 실망하게 되어 있습니다. 바른 출발점에서 시작해야 합니다. 그 출발점이 바로 **하나님과 우리의 관계**입니다. 행복과 평안과 기쁨에 이르는 방법과 수단은 더 이상 논하지말기로 합시다. 인간의 문화는 그것을 논합니다. 그러나 성경은 의를갈망하라고 말합니다. 협소한 관심, 더 정확하게는 이기적인 관심에서 우리를 끌어내 "네가 행복한지 아닌지를 논하기 전에 **너 자신부터, 네가 하나님과 맺고 있는 관계부터 논해 보자**"라고 말합니다.

자, 다음의 질문을 생각해 봅시다. 하나님을 믿는다는 말의 의미가 대체 무엇일까요? 이것은 우리가 당연시하기 쉬운 기본 질문입니다. "난 언제나 하나님을 믿어"라고 우리는 말합니다. 그렇게 따지면제자들도 하나님을 믿었고, 주님은 그 사실을 아주 잘 알고 계셨습니다. 그러나 제자들이 정말 하나님을 믿었다면 이렇게 불행하지 않았을 것입니다. 마음에 근심이 있다는 것은 하나님을 참으로 믿지 않는다는 뜻입니다. 믿음에 어딘가 잘못된 데가 있다는 뜻입니다. 그렇지 않으면 근심이 생길 리가 없습니다. 이 기본 사실을 당연시하는 것보다 더 치명적인 잘못은 없습니다. "난 당연히 하나님을 믿어!"라고 우리는 말합니다. 어떻게 그렇게 확신할 수 있습니까?

다음과 같이 뒤집어서 물어볼 수도 있습니다. 자신의 모습을 보거나 세상의 상태를 생각할 때 마음에 안식이 있습니까? 장래를 생각하며 장차 닥칠 상황 속에 처한 자신의 모습을 상상할 때 영혼에 평안이 있습니까? 우리는 인생에 닥친 불행이나 여러 가지 사건들로 인해 마음의 평정을 잃는 경우들을 살펴보았습니다. 이제 우리가 꼭 던져 보아야 할 질문은 이것입니다. 우리 마음에는 평안이 있습니까? 이런 모든 상황을 직시하고 자신 있게 헤쳐 나갈 준비가 되어 있습니까? 이 점이 중요합니다.

히브리서 11장에 나오는 믿음의 영웅들을 죽 살펴보면, 그들도 우리처럼 이 세상에서 살았다는 사실에 주목하게 됩니다. 놀라운 점은, 그러면서도 여느 사람들과 완전히 다른 삶을 살았다는 것입니다. 그들은 승리했습니다. 그들에게 닥친 그 어떤 일도 기쁨과 평안과 행복을 깨뜨리지 못했습니다. 따라서 그 비결을 찾아내면 앞서 던진 질문에 접근할 수 있을 것입니다. 대체 무엇이 이런 삶을 가능케 한 것일까요? 자, 히브리서 기자는 6절에서 그 해답의 열쇠를 주고 있습니다. 6절은 이렇게 기록하고 있습니다. "하나님께 나아가는 자는 반드시 그가 계신 것과 또한 그가 자기를 찾는 자들에게 상 주시는 이심을 믿어야 할지니라." 이것은 요한복음에 나오는 말씀, "너희는 마음에 근심하지 말라. 하나님을 믿으니"라는 말씀의 또 다른 표현에 불과합니다.

6절의 의미가 무엇입니까? 자, 히브리서가 첫째로 일깨우는 바는 "반드시 그가 계신 것"을 믿으라는 것입니다. 우리는 하나님의 실존을 믿어야 합니다. 하나님의 존재와 실존을 확신하지 못하는 사람은 마음의 평안을 얻지 못합니다. 마음의 평안을 얻을 수가 없습니다. 제가 서슴없이 이렇게 독단적인 발언을 하는 것은, 앞서 밝힌 바처럼 하나님을 믿지 않는 자들이 생각 자체를 거부함으로써 일종의 평안을 만들어 내고자 하기 때문입니다. 그러나 그것은 해결책이 아닙니다. 자신을 마취시키는 것입니다. 자기 머리와 정신을 멍하게 만들어 작동하지 못하게 하는 것입니다. 실제로 의식이 없는 사람은 통증을 느끼지 못합니다. 그러나 이처럼 생각 자체를 거부하는 것은 문제를 회피하는 태도입니다. 성경은 그러한 사고방식에 도전하면서, 하나님을 믿지 않는 한 마음의 평안은 있을 수 없다고 말합니다. "내하나님의 말씀에 악인에게는 평강이 없다 하셨느니라"^{사 57:21}. 결국 악인은 하나님을 진정으로 믿지 않는 사람입니다.

하나님이 계심을 믿는다는 것은 첫째로, 그가 영원부터 영원까지 계심을 믿는다는 뜻입니다. 하나님은 피조물이 아닙니다. **하나님입니다.** 물론 이것은 우리의 머리로 이해할 수 없는 영역에 속한 주제입니다. 우리는 오직 성경이라고 불리는 이 책에 전적으로 의존할 수밖에 없습니다. 성경은 "내게는 시초라는 것이 없다"라고 말씀하시는 이 크신 분을 계시해 줍니다. 하나님께는 출발점이 없습니다. 그는 생명이요 만유입니다. 영원하신 절대자, 영원부터 영원까지 계시는 분입니다. 여러분은 그의 존재를 증명할 수가 없습니다. 그저 계시를 받아들이고 수용할 뿐입니다. 만약 그의 존재를 증명할 수 있다면 여러분의 머리가 하나님보다 더 큰 셈이 됩니다. 그를 믿는다는 것은 곧 그의 영원하심을 믿는다는 뜻입니다.

또한 그를 믿는다는 것은 그의 힘과 능력과 영광을 믿는다는 뜻입니다. 하나님은 전능하십니다. 모든 일을 하실 수 있습니다. 어떤 인간도 그의 영광에 범접할 수 없습니다. 그는 빛 가운데 거하시는 분입니다. 하나님의 영광은 우리의 생각과 상상을 초월합니다. 우리는 이것을 믿어야 합니다. 이른바 하나님의 속성들을 믿어야 하는 것입니다. 그가 모든 것을 아신다는 사실, 어디에나 계신다는 사실, 그가 모르시는 일이나 보시지 못하는 일은 하나도 없다는 사실을 믿어야 합니다. 그는 전지하시고 편재하시며 전능하십니다. 그뿐 아니라 우리는 그가 절대적으로 거룩하시다는 것을 믿어야 합니다. 성경은 그의 거룩하심을 묘사하기 위해 엄청난 표현들을 동원하고 있습니다. "하나님은 빛이시라. 그에게는 어둠이 조금도 없으시다는 것이니라"요일 1:5. "빛들의 아버지께로부터 내려오나니 그는 변함도 없으시고 회전하는 그림자도 없으시니라"약 1:17. "우리 하나님은 소멸하는 불이심이라"히 12:29. 이것이 성경이 동원한 용어들로서, 죄와 무관하며 절대적이고 완전한 그의 거룩하심을 표현하고 있습니다. 그는 "악에게 시험을 받지도 아니하시고 친히 아무도 시험하지" 않으십니다^{약 1:13}. 그는 영원한 빛과 완전함과 아름다움 가운데 거하십니다. 우리는 이것을 믿어야 합니다.

또한 우리는 그가 만물의 조물주이심을 믿어야 합니다. 그가 만물을 존재케 하셨습니다. 우주는 어쩌다 생겨난 것이 아닙니다. 난데없이 불쑥 생겨난 것이 아닙니다. 하나님이 그 길을 정해 놓으셨습니다. 그가 만물의 창시자요 고안자요 기초자요 창조자입니다. 생물이든 무생물이든 존재하는 모든 것을 유지시키시는 분도 하나님입니다.

이 모든 것이 하나님을 믿으라는 말씀에 담긴 의미의 일부입니다. 즉, 하나님이 모든 것을 통제하심을 믿으라는 것입니다. 여러분도 짐작하겠지만 이처럼 마음의 평안을 얻는 비결이 하나님을 믿는데 있다면, 앞서 말한 모든 것에 더하여 하나님을 떠나서는 어떤 일도 일어나지 않는다는 사실 또한 믿어야 합니다. 그렇습니다. 이것을 믿어야 하며, 더 나아가 그가 모든 일을 하실 수 있다는 것과 그가 힘들어서 못하실 일은 하나도 없다는 것을 믿어야 합니다.

성경을 읽어 보면, 이러한 하나님의 속성들이 어떤 이들에게 아주 실제적인 동기로 작용했던 것을 알 수 있습니다. 아브라함은 이삭을 제물로 바치는 문제 때문에 진퇴양난에 빠져 있었습니다. 그는 생각했습니다. '대체 어떻게 하면 좋을까? 하나님은 이 일을 해결하실 수 있을까?' 그러자 하나님이 대답하셨습니다. "그럼!" 이 대답 때문에 아브라함은 "하나님이 능히 이삭을 죽은 자 가운데서 다시 살리실 줄로" 믿었습니다[히 11:19].

"대저 하나님의 모든 말씀은 능하지 못하심이 없느니라"[눅 1:37]. 이것은 구원의 복음 전체와 그 복음이 주는 마음의 평안이라는 문제에서 핵심을 차지하는 말씀입니다. 천사는 마리아에게 엄청난 소식을 알리러 간 자리에서 이 말을 했습니다. 마리아는 물었습니다. "어떻게 그런 일이 일어나겠습니까? 저는 처녀입니다. 남자와 잠자리를 같이한 적이 없어요." 그때 천사가 대답한 말이 이것입니다. "대저 하나님의 모든 말씀은 능하지 못하심이 없느니라." 이 사실을 믿지 못하면 마음의 평안도 절대 얻을 수 없습니다.

모든 일을 하실 수 있는 하나님 외에는 그 어떤 것도, 어떤 사람도 도와줄 수 없는 상황이 있습니다. 하나님이 모든 일을 하실 수 있다는 이 사실이야말로 기적의 전적인 토대입니다. 한 사람이 죽어 가고 있습니다. 의학적인 방법은 이미 다 동원했습니다. 의학지식으로 할 수 있는 일은 전부 시도했지만 소용이 없었습니다. 그런데 별 볼 일 없는 한 무리가 기도와 믿음으로 하나님을 의지하며 이 불가능한 일을 해주시기를 요청합니다. 그리고 그 불가능한 일이 실제로 이루어집니다. 이처럼 기적은 믿음의 핵심 요소입니다. 하나님이 계심을 믿는 사람은 이런 것들부터 믿어야 합니다.

또 다른 측면이 있습니다. 하나님을 믿는다는 것은 삶에 대해 그가 해주시는 말씀도 믿는다는 뜻입니다. 그의 말씀은 전부 성경에 기록되어 있습니다. 이미 일깨워 드렸듯이, 믿음의 영웅들은 모두 세상의 삶이라는 문제에 직면했던 사람들이었습니다. 이 문제가 우리에게 처음 다가오는 방식 중 한 가지가 바로 그것입니다. 이 문제에 직면한 사람은 묻습니다. "세상에는 장차 무슨 일이 일어날까? 나에게는 장차 무슨 일이 일어날까?" 이 질문은 마음속에 또 다른 질문을 불러일으킵니다. "이 세상은 어떤 곳일까? 인생이란 무엇일까? 세상은 왜 이런 모습이 되었을까?" 이런 문제들과 직면하기 전까지는 마음의 평안을 얻을 수가 없습니다. 이에 대한 설명을 들어야만 합니다. 흡족한 설명을 듣기 전까지는 어떤 의미에서 평안을 얻을 수가 없습니다. 그런데 성경은 하나님에 관해 앞서 말한 것과 같은 이야기들을 해줌으로써 내 머릿속의 의문에 대답해 주며 내 마음을 만족시켜 줍니다.

하나님은 삶에 대한 몇 가지 사실들을 계시해 주셨고, 세상이 원래 완벽하게 만들어졌다는 사실도 알려 주셨습니다. 히브리서 기자는 "믿음으로 모든 세계가 하나님의 말씀으로 지어진 줄을 우리가 아나니"라고 말합니다[히 11:3]. 하나님이 이렇게 말씀하셨기 때문에 우리는 믿음으로 그 말씀을 받아들입니다. 물론 인간이 타락하고 죄가 세상에 들어왔다는 말씀도 믿습니다. 오, 안타깝게도 한 가지 요소가 삶에 끼어들었습니다. 그것은 원래 세상에 있던 것이 아니었습니다. 타락으로 생긴 것이었습니다. 악의 원리가 인간의 삶 속에 들어

왔습니다. 이것이 모든 불행과 곤경의 기원이요 이유이며 근원입니다. 이것은 성경의 주장이므로, 하나님을 믿는다면 이 주장도 믿어야 합니다.

물론 성경은 계속해서 이 모든 일에도 불구하고 거룩하고 의로운 빛이실 뿐 아니라 사랑이신 하나님이 그 무한한 자비와 긍휼로 이 세상에 한 가지 일을 행하겠다고 선포하셨으며 선언하셨다고 말합니다. 하나님은 이같이 세상과 인간의 삶 속에 역사하심으로써 다시금 혼돈에서 질서를 만들어 내겠다고 하셨습니다.

이 약속은 태초에 이미 주어졌습니다. 여자의 후손이 뱀의 머리를 상하게 하리라고 말씀하신 것입니다[창 3:15]. 세상은 방치되어 있지 않습니다. 궁극적으로 우리에게 마음의 평안을 주는 성경 메시지의 핵심, 부족하나마 제가 묘사하고자 애썼던 그 크신 하나님이 세상의 삶을 깊이 염려하신다는 사실에 있습니다. 세상은 지금도 하나님의 것입니다. 그는 세상을 외면하시지 않습니다. 죄에 잡혀 완전한 절망에 빠지게 하시지 않습니다. 세상에 친히 개입하십니다. 이처럼 하나님이 구주로 세상에 오셔서 우리 삶의 길을 바꾸시는 이야기가 성경 전체의 메시지를 이루고 있습니다.

"하나님을 믿으라"라고 주님은 말씀하십니다. 물론 여기에는 더 깊은 내용에 대한 믿음도 포함되어 있습니다. 하나님은 인간을 불러 두 가지 길을 제시하셨습니다. 모든 사람 앞에 두 가지 가능성이 있음을 처음부터 알려 주셨습니다. 한쪽에는 복이 있고, 다른 한쪽에는 저주가 있습니다. 우리가 복을 받느냐 저주를 받느냐는 오직 하나님의 방법과 계획에 따라 사느냐 아니냐, 그에게 순종하며 사느냐 아니냐에 달려 있다고 하나님은 말씀하셨습니다. 지금도 그는 "내가 정한 삶의 방식대로 살면 복을 받겠지만, 그렇지 않으면 저주를 받을 것이다"라고 말씀하십니다.

물론 처음에는 이스라엘 자손들에게 이 말씀을 주셨습니다. 그들은 우리의 본보기입니다. 그들은 속박의 세월을 보냈습니다. 하나님의 백성이면서도 애굽의 노예로 살았습니다. 하나님은 기적으로 애굽에 임하여 그들을 구해 주셨습니다. 그리고 추격하는 애굽인들을 홍해에서 멸하셨습니다. 그는 이스라엘 자손을 약속의 땅으로 데리고 들어가 놀라운 선물을 주고자 하셨습니다. 그런데 그 땅에 들어가기 전에 백성들에게 주신 말씀의 요지가 바로 이것입니다. "엄중히 경고하는데, 지금 너희 앞에는 두 가지 가능성—복과 저주의 가능성—이 있다. 내가 명하는 길로 행하면 복을 받을 것이요, 그렇지 않으면 저주를 받을 것이다."

그들은 하나님이 택하신 백성이었습니다. 그러나 아시다시피 결국 땅도 성전도 다 잃고 열국 중에 흩어졌습니다. 이것은 전부 신명기에 미리 예언된 내용입니다. 하나님은 지금도 모든 사람에게 같은 말씀을 주고 계십니다. 이스라엘은 하나님이 온 세상에 보여주려고 세우신 큰 본보기에 불과합니다. 그들을 통해 이 세상에 태어나서 살아가는 모든 사람에게 행하실 일을 미리 보여주신 것입니다. 순종과 불순종에 따라 복과 저주가 갈라집니다.

이제 말씀드리고 싶은 점은, 하나님이 온 세상에 대해 한 가지 계획을 가지고 계신다는 것입니다. 하나님은 지금 그 계획을 천천히, 그러나 확실하게 이루어 나가고 계십니다. **우리가 보기에는** 세상이 자신의 법칙에 따라 저절로 굴러가는 것 같지만, 성경은 그렇지 않다고 말합니다. 만유 위에 하나님이 계십니다. 하나님이 만사를 움직이고 계십니다. 여러 가지 사건이 일어나도록 허용하시기는 하지만 통제권 밖으로 벗어나게 하시지는 않습니다. 다시 구약성경으로 돌아가 이스라엘을 보기 바랍니다. 하나님의 때가 되면 그가 말씀하신 일들이 이루어졌습니다. 그렇게 정해진 때까지는 상황이 계속되도록 허용하셨습니다. 사람은 아무도 그때를 모르지만 하나님은 아십니다. 그가 세상의 역사에 종지부를 찍으실 날이 지금 다가오고 있습니다. 세상이 끝나는 그날이 오면 온 세상과 인간을 최종적으로 심판하시고 모든 악을 멸하실 것이며 "의가 있는 곳인 새 하늘과 새 땅"을 펼치실 것입니다^{벧후 3:13}. 혼란에서 질서를 회복시키실 것이며, 하나님께 속한 자들에게 전 우주적인 복을 주신다는 오래된 약속을 이루실 것입니다. 그러므로 우리가 반드시 던져야 할 질문은 자신이 둘 중 어느 쪽에 속했느냐 하는 것입니다. 지금까지 제가 하나님에 관해 이야기한 모든 것을 믿어야 합니다. 이 모든 것을 믿는 것이 곧 하나님을 믿는 것입니다.

그러나 이것도 전부가 아닙니다. 더 믿어야 할 것이 있습니다.

하나님을 믿는다는 것은 그를 따르며, 그에게 자신을 드리는 자들에게 주신 약속을 절대적으로 믿는다는 뜻입니다. 주님이 근심에 빠진 제자들의 마음에 각인시키려 하신 점이 바로 이것이라고 저는 생각합니다. "너희는 마음에 근심하지 말라. 하나님을 믿으니……." 이렇게 말씀하신 이유가 무엇일까요? 자, 하나님이 자신을 믿는 자들에게 주신 약속을 생각해 보십시오. 시편과 선지서와 성경 전체에 나오는 은혜의 약속들을 읽어 보십시오. 주님은 이 말씀을 하시기 전에 이미 몇 가지 약속을 제자들에게 상기시키신 바 있습니다. "몸은 죽여도 영혼은 능히 죽이지 못하는 자들을 두려워하지 말고 오직 몸과 영혼을 능히 지옥에 멸하실 수 있는 이를 두려워하라"^{마 10:28}. 주님은 "사람을 두려워하지 마라. 그들이 할 수 있는 짓에는 한계가 있다. 오직 하나님만 두려워하라"라고 말씀하셨습니다.

또한 주님은 하나님의 허락 없이는 어떤 일도 일어날 수 없다고 하셨습니다. "참새 두 마리가 한 앗사리온에 팔리지 않느냐? 그러나 너희 아버지께서 허락하지 아니하시면 그 하나도 땅에 떨어지지 아니하리라.……너희는 많은 참새보다 귀하니라"^{마 10:29, 31}. 그는 "너희에게는 머리털까지 다 세신 바 되었나니"라고 하셨습니다^{마 10:30}. 아시다시피 우리는 수많은 사건들이 마음을 뒤집어 놓는 힘든 세상에 살고 있습니다. 지금 근심이 우리를 사로잡고 있다면, 그 해독제는 무엇이겠습니까? 내 머리털까지 다 세실 정도로 나를 사랑하시는 하나님을 믿는 것입니다. 그런 사소한 것까지 다 아실 정도로 하나님은 나와 나의 행복을 깊이 염려하고 계십니다. 크고 전능하신 하나님이 그만큼 나에게 관심을 가지고 계신다는 것을 진심으로 믿을 때, 나는 아무것도 두려워할 필요가 없으며 마음에 근심할 필요도 없음을 알게 됩니다. "하나님을 사랑하는 자 곧 그의 뜻대로 부르심을 입은 자들에게는 모든 것이 합력하여 선을 이루느니라"롬 8:28. 이것은 또 다른 약속입니다. "모든 것"이 선을 이룹니다. 무슨 일이 일어나든 신경 쓸 필요가 없습니다. 이것은 모든 믿는 자에게 주신 약속입니다.

여러분은 말할 것입니다. "전쟁이나 질병이나 사고나 사랑하는 사람의 죽음은 어떻게 하고요? 어떻게 그런 일들이 선을 이룬다는 말입니까?" 자, 저는 구체적인 대답을 드릴 수 없습니다. 그러나 그 궁극적인 결말과 가능성에 대해서는 알려 드릴 수 있습니다. 여러분이 진심으로 하나님을 믿는다면, 무슨 일이 일어나든 그 일 때문에 하나님과 더 가까워질 것입니다. 하나님과 가까워지는 일이라면 그것이 무엇이든 여러분에게 "선한" 것입니다. 이 점을 제 경험에 적용하는 방식대로 여러분의 경험에도 적용해 보겠습니다. 허심탄회하게 말해 봅시다. 삶이 순탄하고 평탄할 때, 태양은 하늘에서 빛나고 만사가 태평할 때는 너무나도 쉽게 하나님을 잊어버립니다. 하나님이 필요하다는 생각 자체가 들지 않습니다. 하나님을 잊어버리고 하나님에게서 멀어집니다. 그러다가 무언가가 어긋나면—전쟁이 포고되거나 무슨 문제나 사고가 생기면—다시 무릎을 꿇습니다. 그럴 때 하나님과 더 가까워집니다. "고난당하기 전에는 내가 그릇 행하였"

습니다. 그렇기 때문에 "고난당한 것이 내게 유익"이 되는 것입니다 ^{시 119:67, 71}. 우리도 이 시편기자와 같은 느낌을 받을 수 있습니다. 이처럼 하나님이 우리를 가까이 끌어당기기 위해 징계하셔야만 할 때가 가끔 있습니다.

D. L. 무디^{Moody}는 하나밖에 없는 아이를 잃고 비탄에 빠진 부모가 자신을 찾아온 이야기를 하곤 했습니다. 그들은 비참한 심정으로 하나님을 원망했습니다. 그들의 괴로운 질문은 "이런데도 어떻게 모든 일이 합력하여 선을 이룬다고 할 수 있습니까?"라는 것이었습니다. 무디는 양 두 마리를 데리고 강을 건너려는데 잘 되지 않는 목자의 이야기를 해주었습니다. 목자는 양들이 이리저리 달아나는 바람에 강을 건널 수가 없었습니다. 그때 불현듯 떠오르는 생각이 있었습니다. 목자는 둘 중에 더 어린 양을 붙잡아서 먼저 강을 건넜습니다. 그러자 다른 양들도 금세 뒤를 따라왔습니다.

우리의 어리석음 때문에 하나님도 이 목자처럼 하셔야만 할 때가 있습니다. 그것은 전부 사랑에서 비롯된 일입니다. 하나님은 그들의 어린 자식을 데려가셨고, 결국 그로 인해 그들은 회심하게 되었습니다. 깊이 사랑하는 자식과 덧없는 세상에서 몇 년 더 함께 사는 일보다 그들의 영혼이 구원받는 일이 더 중요했습니다. "하나님을 사랑하는 자 곧 그의 뜻대로 부르심을 입은 자들에게는 모든 것이 합력하여 선을 이루느니라."

하나님은 또한 이렇게 말씀하셨습니다. "내가 결코 너희를 버리지 아니하고 너희를 떠나지 아니하리라"[히 13:5]. 이것은 또 다른 약속입니다. 이 하나님을 믿으라고 그리스도는 말씀하십니다. 하나님이 여러분에게 말씀하실 때 믿으십시오. 그 말씀하시는 바를 있는 그대로 믿으십시오. 무슨 일이 생기든, 무슨 일이 닥치든 하나님은 여러분을 떠나지 않겠다고 하십니다. 영원하신 팔로 항상 여러분을 받쳐 주겠다고 하십니다. 히브리서 기자는 이 모든 약속에 의거하여 "주는 나를 돕는 이시니 내가 무서워하지 아니하겠노라. 사람이 내게 어찌하리요?"라고 말했습니다[13:6]. 주가 자신을 돕는 이심을 아는 이의 마음은 평안합니다. 이처럼 "하나님을 믿으라"라는 것은 곧 그의 약속을 믿으라는 뜻입니다.

마지막 의미가 있습니다. 하나님을 믿는다는 것은 사랑하시는 그의 전능한 품에 우리 자신과 우리의 삶, 우리의 모든 일을 기꺼이 맡긴다는 뜻입니다. 하나님을 믿는다는 것은 히브리서 11장에 나오는 사람들처럼 하는 것입니다. 그들의 비결이 바로 여기 있었습니다. 그들은 하나님을 굳게 믿었기에 그 믿음에 모든 것을 걸었습니다. 그 믿음에 모든 것을 맡겼고, 그 믿음을 모든 인생관의 토대로 삼았습니다. 그들은 하나님을 신뢰했습니다. 그중에 애굽의 궁전과 그에 따르는 모든 특권적 지위를 버린 모세가 있습니다. 왜 버렸습니까? "믿음으로……보이지 아니하는 자를 보이는 것같이 하여 참았"기 때문입니다. 그는 "상 주심"을 바라보았습니다[히 11:27, 26]. 하나님을 믿었습니다. 그보다 오래전에 아브라함도 똑같은 일을 했습니다. 갈 바를 알지 못하고 조상의 땅을 떠난 것입니다. 왜 떠났습니까? 하나님을 믿었기 때문입니다. 절대적으로 믿고 신뢰했기 때문입니다. 이것이 시대를 막론한 모든 성도들의 이야기이자 경험입니다. 하나님을 믿는다는 것은 그가 자신에 대해 하신 말씀과 장차 행하실 일에 대해 하신 말씀을 절대적으로, 깊이 신뢰한다는 뜻입니다. 그 말씀에 전적으로 자신을 맡긴다는 뜻입니다. "너희는 마음에 근심하지 말라. 하나님을 믿으니……."

그러나 이것도 전부가 아닙니다! 예수 그리스도가 전면에 등장하십니다. "하나님을 믿으니 또 나를 믿으라"라고 하십니다. 하나님을 믿는 것은 어려운 일입니다. 하나님도 그것을 아십니다. 그래서 독생자를 세상에 보내 사람들 틈에서 살게 하셨습니다. 예수께서 제자들에게 하신 말씀의 요지는 이것입니다. "하나님을 믿기가 힘들고 어려우냐? 자, 나를 다시 보아라. 나를 믿어라. 나를 신뢰해라. 나를 신뢰하는 것이 곧 하나님을 신뢰하는 것이요, 나를 보는 것이 곧 아버지를 보는 것이다. 내가 곧 길이요 진리요 생명이다. 나로 말미암지 않고는 아무도 아버지께 갈 수 없다." 여기에 핵심이 있습니다. 그는 하나님이 말씀하신 모든 것을 보증하시는 분입니다.

하나님을 믿으십시오. 그 아들 주 예수 그리스도를 믿으십시오. 여러분 자신과 여러분의 길을 전부 예수께 맡기십시오.

3.

또
나를 믿으라

요 20:27-28

도마에게 이르시되
네 손가락을 이리 내밀어 내 손을 보고……
믿음 없는 자가 되지 말고 믿는 자가 되라.
도마가 대답하여 이르되
나의 주님이시요 나의 하나님이시니이다!

우리가 마음의 평안을 구하는 잘못된 방법들을 먼저 살펴본 것은, 이미 말씀드렸듯이 마음의 평안이야말로 인류에게 정말 **필요한 것**이요 온 인류가 **탐구하는 것**이기 때문입니다. 세상 사람들은 어떤 식으로든 평안을 찾고 있습니다. 어떤 이들은 아주 요란하게 찾기도 하는데, 어쨌든 그들이 찾는 것도 마음의 평안입니다. 그들이 그렇게 마구 소리를 지르고 떠드는 것은 자기들 속에 있는 시끄러운 소리, 고통의 소리를 덮어 잠잠케 하기 위해서입니다.

이처럼 겉모습만 보고서는 속을 알 수 없을 때가 많습니다. 겉으로는 아주 행복하고 근심 걱정 하나 없어 보이는데 사실은 큰 슬픔에 빠져 있거나 비극을 품고 있을 수 있습니다. 그럴 때에도 우리는 아무렇지 않은 듯한 표정을 짓는 경우가 아주 많습니다. 속에 아픈 문제가 있을수록 유난히 더 아무렇지 않은 척합니다. 그렇기 때문에 참된 그리스도인은 절대 겉모습만 보고 판단하지 않으며, 생각 자체를 거부함으로써 마음의 평안을 얻고자 헛되이 노력하는 사람들을 아주 안타깝게 여깁니다. 개중에는 쾌락에 몰입하는 사람들, 사교(邪敎)에 빠져 지적인 자살을 감행하는 사람들, 심리학자에게 치료를 받기 위해 달려가는 사람들, 약물에 빠지거나 동양 고대 종교를 찾는 사람들이 포함되어 있습니다. 이들은 손에 잡히지 않는 평안, 현실에서는 절대 찾을 수 없을 것 같은 마음의 평안을 어떻게든 찾기 위해 애를 쓰고 있습니다.

그러나 이렇게 소극적인 이야기만 하고 말 수는 없습니다. 우리의 관심은 가장 중요하고도 긴요한 이 주제에 대해 성경이 뭐라고 말하는지를 적극적으로 설명하려는 데 있습니다. 다시금 일깨우는 바, 성경은 오직 자신만이 참으로 마음의 평안을 줄 수 있다고 주장합니다. 저는 이런 말을 하는 것에 대해 양해를 구할 생각이 전혀 없습니다. 이것이 저의 진술이요 저의 주장입니다.

예수 그리스도의 복음은 어떤 것과도 뒤섞을 수 없습니다. 이것 아니면 저것입니다. 절충은 없습니다. 제휴도 없습니다. 하나님의 방법에 전적으로 굴복하며 승복해야 한다는 것을 모르는 한, 그가 우리에게 주기 원하시는 복, 우리가 지금까지 살펴본 복 또한 결코 누릴 수 없습니다. 주님도 이 점을 계속 지적하셨습니다. 이것이야말로 하나님의 사랑과 복을 아는 길이라고 처음부터 단언하셨습니다. "누구든지 나를 따라오려거든 자기를 부인하고 자기 십자가를 지고 나를 따를 것이니라"마 16:24. 그렇습니다. 어떤 의미에서는 "나를 따를 것이니라"라는 이 말씀에 모든 내용이 들어 있다고도 할 수 있습니다. 여러분이 해야 할 일은 자기 자신을 비롯한 모든 것을 버리고 그를 따르는 것입니다. 주님은 전적인 충성을 요구하십니다.

계속해서 마음의 평안을 얻는 성경의 방법을 살펴보도록 합시다. 성경은 유한한 이 세상에서도 실제로 이런 평안을 누릴 수 있다고 말합니다. 히브리서 11장에서 엿볼 수 있는 굉장한 인물들의 이야기, 우리처럼 이 세상에 살았으면서도 무엇에도 구애받지 않는 마음의 평화와 안식과 평안을 누린 인물들의 이야기는 이미 했습니다. 그뿐 아니라 기독교회의 오랜 역사와 기록도 우리가 살펴본 내용을 뒷받침해 주고 있습니다. 이것은 이론이 아닙니다. 사람들의 삶으로 수없이 입증된 실제입니다. 지치지도 않고 계속 말하는 바이지만, 어느 시대든지 하나님의 사람들이 어떤 삶을 살았는지 찾아서 읽는 것보다 더 힘 나는 일은 없습니다. 셀 수 없이 많은 사람들이 이 진리, 하나님의 진리, 실제 경험에서 역사하는 진리를 증언하는 일에 동참하고 있습니다.

여러분과 저처럼 이 땅에 살았던 하나님의 사람들, 무서운 역경과 시련의 한복판에서도 마음에 완벽한 평안이 있노라 증언할 수 있었던 사람들 가운데 아무라도 골라서 그 전기를 읽어 보십시오. 성도와 순교자와 신앙고백자들의 위대한 이야기, 하나님의 교회에 속한 많은 평범한 이들의 위대한 이야기들도 전부 같은 진리를 증언하고 있습니다.

제가 제시해야 하는 진리가 바로 이것입니다. 지위 고하에 상관없이, 각자의 형편이나 처지나 문제의 종류와 상관없이, 여러분 또한 마음의 근심과 고통과 아픔에서 벗어나 "모든 지각에 뛰어난" 하나님의 평안을 누릴 수 있다고[빌 4:7] 말할 수 있는 것이야말로 저의 특권

또
나를 믿으라

입니다. 제가 말씀드리고 싶은 바는, 바로 지금 이 자리에서 실제로 그 평안을 경험할 수 있다는 것입니다.

어떻게 그 평안을 얻을 수 있을까요? 이미 살펴보았듯이 여기에서 확실히 짚고 넘어가야 할 중대한 원리가 한 가지 있습니다. 이 평안은 간접적으로 얻는 것이지 직접적으로 얻는 것이 아닙니다. 성경의 방법은 우리의 근심 자체를 살피는 대신 하나님에게서 곧장 출발하는 것입니다. "너희는 마음에 근심하지 말라." 왜 근심하지 말아야 합니까? "하나님을 믿으니." 이 말씀은 즉시 여러분을 자아에서 끌어내 하나님과 대면시킵니다. 이렇게 볼 때, 우리 근심의 절반은 세상에 너무 매인 데서 비롯된 것입니다. 우리는 세상 한복판에서 세상에 푹 빠져 살고 있으며, 소소한 세상사에 매여 정신을 못 차리고 있습니다. 그렇기 때문에 성경이 우선적으로 하는 일은 우리를 붙잡아 눈앞의 현실에 쏠린 관심을 하나님께로 돌리게 만드는 것입니다. 이것은 도피가 아닙니다. 하나님과 대면시키고 그 아들과 대면시킨 후, 다시 우리의 문제로 돌아가 극복할 수 있는 힘을 주기 때문입니다.

성경의 방법이 건전한 이유가 여기 있습니다. 때로는 몇 년이 지나도록 여러분과 여러분의 경험을 들이파면서, 자기 이야기와 과거 이야기 등을 하도록 시키는 여러 가지 정신요법과는 판이하게 다릅니다. 성경은 우리의 과거사를 시시콜콜하게 다 끌어내지 않습니다. 성경은 우리에게 기본적으로 필요한 분이 하나님임을 알고 있습니다. 그렇기 때문에 하나님에 대한 이야기부터 시작합니다. 이것이 우리의 출발점이 되어야 합니다. 이 말의 의미는 앞에서 이미 살펴보았습니다.

이제 한 단계 더 나아가 봅시다. "하나님을 믿으라." 그렇습니다. 하나님을 믿어야 합니다. 그런데 예수 그리스도는 "또 나를 믿으라"라고 말씀하십니다. 이 또한 절대적으로 중요합니다. 여러 가지 명제로 나누어 설명해 보겠습니다. 첫째로, 주 예수 그리스도를 믿어야 한다는 것은 기독교의 명확한 메시지입니다. 제가 이 말을 하는 이유를 간략하게 밝히겠습니다. 처음부터 이 점을 분명히 하지 않으면, 다른 영역에서도 전부 잘못된 길로 가게 됩니다. 믿기지는 않지만, 많은 이들이 '그리스도인이 된다는 것은 보편적인 의미의 하나님을 믿는 것'이라고 생각하는 것이 사실입니다. 그들은 그리스도인을 자처하면서도, 막상 무슨 근거로 그렇게 생각하느냐고 물으면 단순히 하나님을 믿으니까 그렇다고 대답합니다. 또는 영적인 세계나 기도를 믿으니까 그렇다고 말하기도 합니다. 그러나 주 예수 그리스도에 대한 말은 하지 않습니다. 그에 관한 이야기는 단 한 마디도 언급하지 않습니다. 이런 사람은 그리스도인이 아닙니다! 그리스도인이 된다는 것은 그 말의 정의상 나사렛 예수라는 분, 주 예수 그리스도라는 분을 믿는다는 뜻인 것이 분명하기 때문입니다.

다시 말해서 예수 그리스도의 복음이라는 이 특정한 메시지는 우리를 그리스도와 대면시킵니다. 바로 이것이 **그리스도인**이라는 말에 담긴 뜻이요 의미입니다. 유대인도 하나님을 믿고 무슬림도 하나님을 믿지만, 그렇다고 그들을 그리스도인이라고 할 수는 없습니다. 예수 그리스도가 그들의 삶에 들어가시지 않았기 때문입니다. 복음의 차이점은 그리스도와 직접 관계를 맺게 한다는 데 있습니다. 예수께서 요한복음 14장에서 강조하신 바대로, 우리는 성부 하나님을 믿듯이 그 아들 또한 믿어야 합니다. 이것이 기독교를 기독교 되게 하는 특징입니다.

주의하십시오. 복음은 그의 몇 가지 가르침을 믿으라고 말하지 않습니다. 가르침이라는 영역에 한정하여 그를 따르라고 말하지도 않습니다. 오히려 주님이 하신 말씀은 이것입니다. "하나님을 믿듯이 나도 믿어라. 성부 하나님을 믿고 신뢰하듯이 나도 믿고 신뢰해라. 너희에게 하나님을 믿으라고 말하는 나를 믿어라." 예수야말로 마음의 평안을 주는 기독교의 방법에 절대적으로 필요한 분입니다. 그러므로 이제부터 저와 함께 한 번 더 이분을 살펴봅시다.

이것은 역사적인 기록입니다. 실제로 일어난 일을 적어 놓은 것입니다. 나사렛 예수라는 한 사람이 이 땅에서 살았습니다. 그런데 그 사람이 일군의 무리에게 이렇게 말했습니다. "너희가 마음의 평안을 얻고 안식과 평화를 누리려면, 아무 흔들림 없이 오히려 기뻐하면서 평안한 마음으로 장차 닥칠 일들을 헤쳐 나가려면, 성부 하나님을 믿어야 하고 그와 똑같이 나도 믿어야 한다." 이 또한 기독교 메시지의 핵심입니다.

여러분의 마음은 지금 평안합니까? 여러분은 지금 이 순간 안식을 누리고 있습니까, 아니면 어지럽고 심란합니까? 과거사 때문에, 어제나 지난주나 지난해에 했던 일 때문에 근심이 됩니까? 여러분의 양심을 괴롭히는 일, 불안하고 불편한 일이 있습니까? 미래를 생각하면 또 어떻습니까? 자신이나 자신의 가족이 앞으로 살면서 겪을 일을 생각하면 우울해집니까? 혹시 환경에 큰 변화가 생길 것 같습니까? 사랑하는 사람이 병들거나 세상을 떠날 것 같습니까? 사업상의 근심거리나 걱정거리가 생길 것 같습니까? 건강에 문제가 생길 것 같습니까? 미래만 생각하면 온통 걱정이 됩니까?

앞으로 일어날 수도 있는 일들을 신문에서 읽거나 다른 데서 듣다 보면 절로 심란해집니다. '전쟁이 또 일어나면 나는 어떤 영향을 받을까?' 하는 것이 문젯거리가 되고 걱정거리가 됩니까? 여러분에게 묻겠습니다. 지금 여러분의 마음에는 평안과 안식이 있습니까? 이런 일들이 갑자기 닥칠 때 어떻게 해야 하는지 알고 있습니까? 어떻게 평온함과 침착함, 안정감을 유지할 수 있는지, 단지 평안과 안식만 누리는 것이 아니라 기뻐할 수도 있는지 알고 있습니까? 그 비결을 알고 있습니까?

이것이 저의 질문입니다. 우리가 직시해야 할 사실은, 이것이 인생의 현실적인 문제라는 것입니다. 기독신앙을 논할 때 출발점으로 삼아야 할 것 중에 하나가 이것입니다. 저라면 사람들과 주 예수 그리스도를 논하기 전에 그들 자신에 대한 이야기부터 하겠습니다. 제가 알고 싶은 바는 이것입니다. 지금 여러분이 서 있는 자리는 어디입니까? 지금 여러분의 마음이 평안하지 않다면, 그 진정한 이유는 "또 나를 믿으라"라고 말씀하시는 이분을 모르는 데 있다고 말하지 않을 수가 없습니다.

그렇다면 이제 함께 이분을 살펴보기로 합시다. 예수를 믿는다는 말의 의미는 무엇일까요? 예수께서 이 말씀을 하신 의미는 무엇일까요? 제가 한번 요약해 보겠습니다.

주 예수 그리스도를(또는 주 예수 그리스도에 대해) 믿는다는 말의 의미는 신약성경을 읽어야만 알 수 있습니다. 어떤 이는 물을 것입니다. "이분에 대해 뭘 믿으라는 거지요? 난 마음의 평안을 얻고 싶습니다. 그런데 당신은 그 전에 이분부터 믿으라고 하는군요. 대체 나더러 뭘 하라는 말입니까?" 이 질문의 답을 얻으려면 필히 신약성경을 찾아보아야 합니다. 신약성경 없이는 주 예수 그리스도에 대해 아무것도 알 수가 없습니다. 많은 이들이 "나는 예수에 대해 이런저런 것들을 믿는다. 그에 대한 내 생각은 이러저러하다"라고 말하곤 합니다. 가장 훌륭한 정보를 제공하는 출처는 찾아보지도 않고서 말입니다.

예수에 관한 사실들을 알아보기 위해 사복음서만 볼 필요는 없다는 점을 강조해야겠습니다. 사도행전도 읽어야 하고, 서신서도 읽어야 합니다. 사실 어떤 점에서는 복음서를 읽기 전에 사도행전과 서신서부터 읽어야 한다고도 말하고 싶습니다. 복음서만 읽고 다른 성경을 읽지 않는 탓에 예수 그리스도에 대해 혼동을 겪는 이들이 많이 있습니다. 그렇게 해서는 그를 참으로 알 수가 없습니다.

복음서에 나오듯이, 주님은 사도나 제자들과 함께 계신 동안에는 밝힐 수 없는 것들이 있다고 하셨습니다. "내가 아직도 너희에게 이를 것이 많으나 지금은 너희가 감당하지 못하리라"요 16:12. 아시다시피 그들은 주님이 부활하시기 전까지 그의 죽음을 이해하지 못했습니다. 주님은 그들에게 말씀하셨습니다. "괜찮다. 내가 보혜사 성령을 보내 주겠다. 그가 모든 것을 설명해 주실 것이다."

복음서가 기록되기 전에 사도행전의 사건들이 일어났다는 사실을 잊지 맙시다. 또 기독교 메시지를 처음 전파했던 전도자들이 사복음서를 가지고 설교하지 않았다는 사실도 기억합시다. 그때는 복음서가 없었습니다. 그들은 사방으로 다니면서 하나님의 그리스도이신 나사렛 예수 그리스도를 전했습니다. 그 후에 교회로 들어온 자들을 대상으로 복음서가 기록된 것입니다.

그러므로 그를 믿는다는 것이 무엇인지 정확하게 알고 싶다면 사복음서가 예수에 관해 구체적으로 기록해 놓은 내용만 읽을 것이 아니라 사도행전과 서신서를 비롯한 신약성경 전체를 읽어야 하며, 그 책들이 예수를 어떻게 조명하고 있는지 살펴보아야 합니다. 물론 이렇게 함으로써 얻을 수 있는 또 한 가지 유익은, 사도들의 이야기를 통해 복음서에 나오는 구체적인 내용들을 상당 부분 확인해 볼 수가 있다는 것입니다. 어떤 면에서는 사도들의 이야기를 먼저 접해야만 제대로 이해가 되는 내용도 있습니다. 여러분은 베드로가 가이

사려 빌립보에서 "주는 그리스도시요 살아 계신 하나님의 아들이시니이다"라는 놀라운 고백을 한 일과[마 16:16] 그 후 주님을 부인한 일을 알고 있습니다. 그런데 부활하신 주님을 뵙고 오순절 경험을 한 후에 얼마나 많이 달라졌는지, 얼마나 판이하게 바뀌었는지 모릅니다! 여러분과 제가 지금 이런 위치에서 주 예수 그리스도를 바라볼 수 있다는 점을 감사하기 바랍니다!

우리가 신약성경에서 발견하게 되는 사실이 무엇입니까? 유한한 세상에 속한 인간이면서도 사람들에게 감히 마음의 평안을 줄 수 있노라 주장한 이가 있습니다. 우리가 가장 먼저 던져야 할 질문은 그가 대체 누구냐 하는 것입니다. 이런 말을 하는 사람 자체를 바로 알지 못하면 그에 관한 어떤 것도 바로 알 수 없으며, 그에게서 무엇을 얻어야 하는지도 알 수 없습니다. 그러므로 이 사람 자체부터 살펴보아야 합니다. 신약성경 전체가 주는 대답은 이 사람이 다름 아닌 영원하신 하나님의 아들이라는 것입니다. 이것은 평범한 사람들을 당황하게 만드는 엄청난 주장인 것이 분명하지만, 성경이 이렇게 주장하기 때문에 여기에서부터 출발해야 합니다.

복음서가 이렇게 말하는 근거가 있습니다. 복음서는 그의 출생에 대해 이야기해 줍니다. 그는 평범하고 자연스럽게 태어나시지 않았다고, 처녀의 몸에서 태어나셨으며 육신의 아버지 없이 성령으로 잉태되셨다고 말합니다. 이것을 머리로 이해하려 드는 우를 범하지 마십시오. 이것은 머리로 이해할 수 있는 일이 아닙니다. 그의 출생은 하나님이 행하신 일, 기적의 사건이었습니다. 성경은 그가 성령으로 잉태되셨으며 처녀 마리아의 몸에서 태어나셨다고 주장합니다. 그는 여느 사람들과 달랐습니다. 여느 사람들과 완전히 다른 방식으로 영원한 세계를 떠나 이 땅에 오셨습니다. 그럼에도 성경은 그가 실제로 한 아기의 모습으로 태어나셨다고 말하며, 영원하신 하나님의 아들인 동시에 진정한 인간이었다고 말합니다. 또한 "지혜와 키가 자라 가며 하나님과 사람에게 더욱 사랑스러워"졌다고^{눅 2:52}, 하나님의 아들이 이 땅에서 인간의 삶을 사셨다고, 그렇게 하기 위해 자발적으로 자신을 제한하셨다고 말합니다. 그의 출생 이야기는 놀라운 것입니다. "그런데 요한복음에는 출생 이야기가 없는데요"라는 이의를 제기할 수 있습니다. 요한은 이렇게 말합니다. "태초에 말씀이 계시니라. 이 말씀이 하나님과 함께 계셨으니 이 말씀은 곧 하나님이시니라"^{1:1}. "[영원하신] 말씀이 육신이 되어 우리 가운데 거하시매"^{1:14}. 이것은 똑같은 사건—성육신의 기적—을 전달하는 요한의 방식입니다.

신약성경은 계속해서 그의 가르침과 주장에 대한 증거를 제시해 줍니다. 우리가 지금 고찰하고 있는 요한복음 14장에도 그 증거가 나오고 있습니다. 그는 "내가 곧 길이요 진리요 생명이니 나로 말미암지 않고는 아버지께로 올 자가 없느니라"라고 서슴없이 말씀하셨습니다^{6절}. 복음서에 제자들이 비틀거리고 넘어지며 의심하고 불신하는 이야기가 기록되어 있는 것은 감사한 일입니다. "지금 아버

또
나를 믿으라

지에 대해 말씀하시는데, 그 아버지를 우리에게 보여주십시오. 그러면 만족하겠습니다"라고 말한 빌립 같은 사람이 있었던 것으로 인해 저는 하나님께 감사를 드립니다. 주님은 그를 보며 말씀하셨습니다. "빌립아, 내가 이렇게 오래 너희와 함께 있으되 네가 나를 알지 못하느냐? 나를 본 자는 아버지를 보았거늘 어찌하여 아버지를 보이라 하느냐?"⁹절 우리의 불신앙을 바로잡기 위해서는 바로 이와 같은 설명이 필요합니다.

주님은 "……하였다는 것을 너희가 들었으나 나는 너희에게 이르노니"라고 서슴없이 말씀하셨습니다마 5:27-28. 또 "나와 아버지는 하나이니라"라고도 하셨습니다요 10:30. "나를 영접하는 자는 나를 보내신 이를 영접하는 것이니라"마 10:40. "아브라함이 나기 전부터 내가 있느니라"요 8:58. 직접 복음서를 읽어 보기 바랍니다. 그의 말씀과 가르침을 살펴보기 바랍니다. 그의 주장을 살펴보기 바랍니다. 그의 주장이 사람들의 전적인 충성을 요구한다는 점은 이미 상기시킨 바 있습니다. 이분은 다른 사람들에게 "나를 따르라. 모든 것을 버리라. 아버지도 버리고, 일도 버리고 나를 따르라"라고 서슴없이 요구하셨습니다. 세관에 앉아 있던 자에게도 "나를 따르라"라고 요구하셨습니다마 9:9. 그는 그 요구대로 했습니다!

성경에 기록된 기적들도 보기 바랍니다. 예수께서는 의심하는 도마와 빌립에게 이것을 논거로 제시하셨습니다. "내가 아버지 안에 거하고 아버지께서 내 안에 계심을 믿으라. 그렇지 못하겠거든 행하는 그 일로 말미암아 나를 믿으라"^{요 14:11}. 요컨대 "내가 하는 일을 보라"라는 것입니다. "기적의 증거를 보라!"라는 것입니다.

사복음서가 기적을 기록한 것은 이분이 누구신지 알리기 위해서입니다. 그 기적은 사실이었습니다. 실제로 일어난 일들이었습니다. 예수에 대한 증언은 전부 기적에 대한 이야기로 이루어져 있습니다. 마음의 평안을 얻고 싶습니까? 자, 그렇다면 기적을 믿어야 하며, 기적을 행하신 이분을 믿어야 합니다. 기적을 믿지 않는 이들에게 도전합니다. 이분을 믿지 않으면 마음의 평안을 얻을 수 없습니다. 그런데 이분을 믿는 자는 그가 행하신 기적, 즉 그가 하나님의 아들이심을 입증하며 선포하는 사건들 또한 믿어야 합니다.

물론 여기에서 멈추면 안 됩니다. 이것은 죽음과 부활이라는 다음 단계로 나아가는 데 필요한 단계에 불과합니다. 그의 죽음 및 부활과 관련하여 깜짝 놀랄 만한 일이 벌어졌습니다. 엄청난 주장을 쏟아 놓던 한 사람이 심히 무력한 모습으로 십자가에 달려 죽었고, 무덤에 장사되었습니다. 모든 사람이 "이젠 다 끝났다"라고 말했습니다. 그런데 셋째 날 아침에 보니 무덤이 텅 비어 있었습니다. 그는 사도들과 택한 제자들에게 모습을 드러내셨습니다. 어느 날 밤, 제자들이 유대인들을 두려워하여 문을 닫아걸고 한자리에 모여 있는데 갑자기 문도 열지 않은 채 "예수께서 친히 그들 가운데 서서" 자신을 보라고 하셨습니다. 자리에 앉아 구운 생선과 송이꿀^{honeycomb}까지 잡수셨습니다(우리말 성경에는 "송이꿀"이 없다―옮긴이). 사도 바울은 "성결

또
나를 믿으라

의 영으로는 죽은 자들 가운데서 부활하사 능력으로 하나님의 아들로 선포되셨"다고 했습니다^{롬 1:4}. 이 일은 제자들에게 최종적인 확신을 주었습니다. 그가 하나님의 아들이심이 최종적으로 입증된 것입니다. 사도행전에 나오듯이 바로 이 일 때문에 제자들은 사방으로 다니면서 "예수와 부활"을 전했습니다^{17:18}. 부활은 그가 하나님의 아들이요, 따라서 메시아이자 세상의 구주임을 선포한 사건이었습니다.

그는 승천하셨고, 사도행전 2장에 나오듯이 갓 출범한 예루살렘 교회에 오순절 날 성령을 보내 주셨습니다. 이것은 앞서 말한 모든 일의 말미에 붙이는 일종의 추신 같은 사건이었습니다. 그뿐 아니라 그는 다메섹으로 가던 다소의 사울, "만삭되지 못하여 난 자 같은" 사울에게도 나타나 증거를 주심으로써 사도로 삼으시고^{고전 15:8}, 하나님의 아들 예수를 세상의 구주로 선포하는 일을 맡기셨습니다.

이것이 신약성경이 제시하는 증거이며, 여러 서신서가 내세우는 중대한 주장입니다. 예수를 믿는다는 것은 바로 이것을 믿는다는 뜻입니다. 그와 관련된 성경의 모든 주장을 믿는다는 뜻입니다. 달리 표현해 보겠습니다. 성경은 하나님의 아들이 소란하고 혼란스러우며 불행하고 비참한 이 죄 많은 세상 한가운데 오셨음을 믿을 것을 요구합니다. 이것이야말로 복음의 핵심임을 알고 있습니까?

마음의 평안을 얻고 싶습니까? 여기 그 방법이 있습니다. 하나님이 아들의 위격으로 우리를 찾아오신 것을 믿으십시오. 우리는 인간의 수준에 방치되어 있지 않습니다. 어둠 속에서 헛되이 헤매도록 방치되어 있지 않습니다. 하나님이 조처를 취하셨습니다. 그 조처가 바로 이것입니다. "하나님이 그 아들을 보내사 여자에게서 나게 하시고 율법 아래에 나게 하신 것은 율법 아래에 있는 자들을 속량하시고"^{갈 4:4-5}. 하나님이 이 일을 하심으로써 우리는 마음의 평안을 얻을 수 있게 되었습니다.

이것이 예수와 그의 인격에 관련하여 우리가 믿어야 할 첫 번째 사실입니다. 그렇다면 두 번째 단계는 무엇일까요? 그가 **왜** 오셨는지 살펴보는 것입니다. 어떻게 보면 이것이 요한복음 14장 전체의 주제라고도 할 수 있습니다. 여러분을 위해 한번 요약해 보겠습니다. 그가 오신 데에는 몇 가지 목적이 있었습니다. 그 목적을 이루시지 않았다면 우리도 마음의 평안을 얻지 못할 것입니다. 그는 하나님을 아버지로 계시하기 위해 오셨습니다. 그렇습니다. 구약의 성도들은 아버지 하나님에 대해 어느 정도 알고 있었지만, 주 예수 그리스도를 믿는 자들만큼 충분히 잘 알지는 못했습니다. 그들은 그리스도를 "멀리서" 보았습니다^{히 11:13}. 그러나 우리는 바로 눈앞에서 볼 수 있습니다. 예수는 아버지를 계시하셨습니다. "본래 하나님을 본 사람이 없으되 아버지 품속에 있는 독생하신 하나님이 나타내셨느니라"^{요 1:18}. 이것이 요한의 메시지입니다.

더 굉장한 사실을 말씀드리겠습니다. 예수는 하나님에 대한 내용만 알려 주시는 것이 아니라 직접 우리를 하나님 앞으로 데려가 그와 생생한 관계를 맺게 해주십니다. 우리를 하나님의 자녀로 만들어 그와 특별한 관계를 맺게 해주십니다. 예수, 오직 예수를 통해서만 우리는 성령—마음의 평온과 평안을 얻는 데 꼭 필요하신 분—을 선물로 받을 수 있습니다. 그는 우리가 참된 기도를 드릴 수 있도록 돕는 우리의 대변자요 위대한 대제사장이기도 합니다. 요한복음 14장은 이 주제를 다루고 있습니다. 아시다시피 주님은 14장 마지막 부분에서 평안을 주겠다고 약속하고 계십니다. "평안을 너희에게 끼치노니 곧 나의 평안을 너희에게 주노라. 내가 너희에게 주는 것은 세상이 주는 것과 같지 아니하니라. 너희는 마음에 근심하지도 말고 두려워하지도 말라"27절.

이것은 그가 세상에 오셔서 인류에게 주고자 하시는 굉장한 것들을 요약한 말에 지나지 않습니다. 그 모든 열쇠가 바로 예수 그리스도에게서 출발하는 일에 달려 있으며, 그를 분명하게 아는 일에 달려 있습니다. 하나님과 바른 관계를 맺기 전까지는 참된 평안을 얻을 수 없습니다. 그런데 그렇게 바른 관계를 맺게 해주시는 분은 오직 주 예수 그리스도뿐입니다. 그를 떠나서는 나의 죄를 처리할 길이 없습니다. 하나님의 자녀와 권속이 될 수도 없으며, 하나님이 나에게 역사하시고 자신의 본질과 생명을 주시기를 기대하거나 기도할 수도 없습니다. 전혀 그럴 수 없습니다. 오직 예수께서 이 모든 일을 가능케 함으로써 마음의 평안을 주시는 것입니다.

우리의 구속과 구원을 위해 주 예수 그리스도가 하신 일은 나중에 다시 다룰 생각입니다. 지금은 이분 자체를 살펴보고 있는 중이니, 좀 더 구체적으로 살펴보도록 합시다. 예수 안에서 우리에게 주어지는 것들은 다음과 같습니다. 우리는 이 땅에 살고 있습니다. 문제와 시련과 곤경으로 가득 찬 현대세계, 힘든 현대세계에서 살고 있습니다. 우리는 우리의 연약함과 실패를 알고 있습니다. 모든 것이 우리에게는 너무나 크고 벅차다는 사실을 알고 있습니다. 대체 우리가 할 수 있는 일이 무엇이 있습니까? 제가 드리고 싶은 말은 "하나님을 믿으라"라는 것입니다. 여러분은 물을 것입니다. "좋습니다. 나도 하나님을 믿고 싶습니다. 하지만 하나님은 너무 멀리 계십니다. 그는 크고 전능하신 분이지요. 아주 거룩하실 뿐 아니라 영원하신 분이고요. 그런데 내가 어떻게 이 간격을 뛰어넘어 그분께 이를 수 있단 말입니까?"

히브리서 기자의 대답은 하나님 앞에 아주 긍휼이 많은 우리의 대변자요 위대한 대제사장이 계신다는 것입니다. 제자들을 향해 "너희는 마음에 근심하지 말라. 하나님을 믿으니 또 나를 믿으라"라고 말씀하신 분이 계신다는 것입니다. 바로 지금 영광 가운데 하나님 우편에 앉아 계신 그분이 한때 세상에서 사셨다는 사실을 기억합시다. 그는 인간의 마음에 있는 슬픔을 아십니다. 연약함과 나약함을 아십니다. 이 점이 얼마나 중요한지 모릅니다! 그는 우리를 샅샅이 알고 계십니다. 그렇기 때문에 감히 그에게 나아갈 수 있는 것입니다.

우리는 살면서 근심하지만 하나님은 "때를 따라 돕는 은혜"를 주신다고 히브리서 기자는 말합니다[4:16]. 모든 상황이 불리하고 절망적으로 보일 때, 우리는 어찌할 줄을 모르며 "어떻게 하면 그의 은혜를 받을 수 있을까?" 하고 부르짖습니다. 여기 그 복된 대답이 있습니다. 하나님 우편에 계신 분이 우리의 상황을 온전히 이해하신다는 것입니다. "모든 일에 우리와 똑같이 시험을 받으신 이로되 죄는 없으"시다는 것입니다[4:15]. 그는 한때 우리와 더불어 사셨습니다. 그렇기 때문에 우리의 상황을 정확하게 알고 계십니다. 복음서를 다시 읽어 보십시오. 그의 모습을 살펴보십시오. 그는 고통의 현장을 무심코 지나치신 적이 없었습니다. 괴로워하는 자들을 급히 지나치신 적이 없었습니다. 제자들은 아이들을 데려와 축복을 받으려 했던 여자들을 가로막았지만, 주님은 "괜찮다. 막지 마라. 어린아이들이 내게 오는 것을 용납하고 금하지 마라. 하나님의 나라가 이런 자의 것이다"라고 말씀하셨습니다[막 10:14 참조]. 여리고 밖에서 한 불쌍한 맹인이 "다윗의 자손 예수여, 나를 불쌍히 여기소서"라고 소리 질렀을 때에도 모든 사람이 조용하라고 했지만, 주님은 급히 지나치시지 않았습니다. 예루살렘에 가시던 중이었음에도 "머물러" 서셨고, 그를 데려오라고 해서 고쳐 주셨습니다[막 10:46-52]. 이처럼 주님은 항상 시간을 내서 사람들을 돕는 수고를 마다치 않았습니다.

심지어 십자가에 달려 무서운 고통을 견디며 죽어 가실 때조차 옆에 있는 강도와 이야기를 나눌 시간을 내셨으며, "오늘 나와 함께 낙원에 있게 될 테니 근심하지 말라"라고 말씀해 주셨습니다[눅 23:39-43]. 이처럼 온유하고 부드러운 마음을 지닌 분은 어디에도 없습니다. 이처럼 소외되고 고통 받는 자들을 돌아보시며 긍휼히 여기신 분은 어디에도 없습니다. 이처럼 낮은 곳으로 내려와 세리와 죄인의 친구가 되신 분은 어디에도 없습니다.

그는 지금도 동일하십니다. 전혀 변함이 없습니다. 요한은 밧모 섬에서 영광 가운데 계신 예수를 보았습니다. 그때도 그는 동일하셨습니다. 그 예수께서 지금 여러분의 필요와 근심과 고통 가운데 함께 하고 계십니다. 마음이 불안할 때, 근심될 때, 심란할 때, 그에게 나아가십시오. 그는 "내게 오는 자는 내가 결코 내쫓지" 않겠다고 약속하셨습니다요 6:37. 지금도 내쫓지 않으십니다. 그렇습니다. 이 예수께서 여러분을 이해해 주시고, 불쌍히 여기시며, 여러분에게 필요한 모든 것을 채워 주시고, 여러분의 근심을 면해 주실 것입니다. "모든 지각에 뛰어난" 평안을 주실 것입니다빌 4:7. "하나님을 믿으니 또 나를 믿으라."

2

영혼과
그 미래

요 14:2-3

내 아버지 집에 거할 곳이 많도다.
그렇지 않으면 너희에게 일렀으리라.
내가 너희를 위하여 거처를 예비하러 가노니
가서 너희를 위하여 거처를 예비하면
내가 다시 와서 너희를 내게로 영접하여 나 있는 곳에 너희도 있게 하리라.

4.

내 아버지
집에

시 23:6

내가 여호와의 집에 영원히 살리로다.

우리가 마음의 평안을 얻는 방법을 함께 고찰하면서 알게 된 점은 '우리와 하나님의 관계'를 주님이 첫 번째로 강조하셨다는 것입니다. 세상의 삶에 직면해 있다면, 진심으로 그 삶에 직면하고자 한다면, 잠시 자기 문제를 밀어 놓고 하나님을 바라보라고 성경은 곳곳에서 권하고 있습니다.

다시 말해서 삶은 삶 그 자체가 아닌 다른 것에 비추어 볼 때 비로소 직면할 수 있다는 것이 성경의 가르침입니다. 문제는 우리의 제한된 관점으로만 바라보다가 삶에 압도당한다는 데 있습니다. 삶을 제대로 이해하려면 한 걸음 떨어져 위에서 내려다보아야 합니다. 항공사진에 비유하면 되겠습니다. 한 지역을 알아보고 이해하는 좋은 방법은 항공사진을 찍어서 보는 것입니다. 그럴 수 없다면 산에 올라가 널리 조망하는 것입니다. 이것이 전체를 파악하는 방법입니다. 골짜기를 따라 걷는 방법보다는 이 방법이 훨씬 좋습니다. 바른 각도와 관점에서 바라보아야 하는 것입니다. 삶을 전체적으로 바라보는 일은 말할 수 없이 중요합니다. 저는 바로 이 점을 여러분에게 보여드리고 싶습니다. 대부분의 사람들이 삶에 패하여 무너지는 것은 그것을 전체적으로 보지 않고 단편적으로만 보기 때문입니다.

우리 주와 구주 되신 예수는 무엇보다 먼저 하나님에게서 출발해야 한다고 말씀하심으로써—"하나님을 믿으라"—이 점을 우리에게 가르치고 계십니다. 하나님에 **대한** 것을 믿을 뿐 아니라 하나님 **자신**을 믿어야 합니다. 그가 하신 말씀을 받아들여야 합니다. 그를 신뢰해야 합니다. 의지해야 합니다. 중국내지선교회^{현 OMF, Overseas Missionary Fellowship}를 만든 위대한 선교사 허드슨 테일러^{Hudson Taylor}는 흠정역에 나오는 "하나님을 믿으라"라는 구절은 사실상 "하나님의 신실하심을 붙잡으라"라는 말로 번역해야 한다고 늘 주장했습니다. 참으로 하나님을 믿는다는 것은 테일러의 말처럼 하는 것입니다. 자기 신념이나 믿음을 고수하는 것도 중요하지만, 하나님을 믿는다는 것은 그런 것과 다릅니다. 하나님을 믿는다는 것은 그의 신실하심을 붙잡는 것입니다. 하나님 자신을 믿는 것입니다. 하나님에 대해 확신을 갖는 것입니다. 모든 상황에서 그의 신실하심을 붙잡지 않는 한, 세상의 삶을 다스릴 수도 없고 정복할 수도 없습니다.

로마서 8장의 위대한 주장이 바로 이것입니다. 바울은 8장에서 하나님에 대해 확신을 가져야 하는 이유를 강력한 논리로 제시하고 있습니다. "자기 아들을 아끼지 아니하시고 우리 모든 사람을 위하여 내주신—십자가 죽음에 내주신—이가 어찌 그 아들과 함께 모든 것을 우리에게 주시지 아니하겠느냐?"^{32절} 이것이 우리가 확신을 가져야 하는 이유입니다. 이 말씀을 출발점으로 삼아야 합니다.

둘째로, 주 예수 그리스도에 대해서도 절대적인 확신을 가져야 하며 그분과 관련된 중대한 사실들을 믿어야 합니다. 이제부터 살펴보겠지만, 여기 나오는 주장은 바로 그 사실들에 기대고 있는 것입니다. 그 사실들을 믿는 믿음에서 위로가 나옵니다. "나를 믿지 못하고 내가 너희를 위해 이제 할 일들을 믿지 못하면 위로해 줄 수가 없다. 그러나 이것을 믿으면 마음에 평안이 임할 것이요 근심이 사라질 것이다."

그 다음 단계는 세상의 삶을 바라보는 바른 관점이 생기는 것입니다. 이것이 논리적인 순서입니다. 1단계, 2단계, 3단계가 있습니다. 우리는 3단계부터 시작하기 쉽습니다. 세상에서 살아가는 문제부터 붙들고 씨름하는 것입니다. 그러나 기독교의 접근방식을 보십시오. 사는 문제에 곧장 달려들지 않습니다. 그렇습니다. 일단 뒤로 물러납니다. 여러분 앞에 큰 장애물이 있다고 생각해 보십시오. 여러분은 장애물 너머에 있는 것을 얻고 싶습니다. 그런데 그 장애물을 뛰어넘는 바른 방법은 일단 뒤로 물러나는 것입니다. "하지만 그건 어리석은 짓 아닙니까?"라고 말하는 이가 있을 것입니다. 그 말이 맞습니다. 그래도 물러나야 합니다. 그러고 나서 다시 그 장애물을 향해 달려나가야 합니다. 그렇게 추진력을 만들어야 장애물을 뛰어넘을 수 있습니다! 성경이 곳곳에서 제시하는 방법이 바로 이것입니다. 문제에 곧장 달려들지 말라는 것입니다. 오히려 뒤로 물러났다가 출발하라는 것입니다.

다음과 같이 설명해 보겠습니다. 모르는 문제가 있을 때에는 아는 내용에서부터 출발하는 것이 좋습니다. 과학을 연구하는 사람들이 선호하는 방법이 이것입니다. 아는 것에서 모르는 것으로 나아가십시오. 모르는 것을 먼저 다루지 마십시오. 뒤로 물러나 확실히 알고 있는 원리부터 확인하십시오. 그것부터 밑에 깔아 놓으십시오. 그렇게 자신의 입장을 분명히 세운 후에, 그 원리에서 필연적으로 도출되는 결론을 향해 나아가야 합니다. 어떻게 보면 주님이 여기에서 사용하고 계시는 방법도 그것입니다. 먼저 하나님을 바라보고 주 예수 그리스도를 바라본 **연후에** 좀 더 직접적으로 문제 자체에 접근하여 자신의 인생관을 살펴보라는 것입니다.

저는 이 점을 세 가지 주요 명제를 통해 설명하고자 합니다. 첫째로, 이 세상의 삶은 다음 세상의 관점에서 바라볼 때에만 진정으로 이해할 수가 있습니다. 예수는 말씀하십니다. "너희는 마음에 근심하지 말라. 하나님을 믿으니 또 나를 믿으라. 내 아버지 집에 거할 곳이 많도다." 이것을 보면 주님이 세상의 삶이라는 문제를 다루시면서 얼마나 빨리 다음 세상의 이야기로 나아가시는지 알 수 있습니다. 성경적인 방법의 특징이 이것입니다. 이 또한 관점과 각도와 시각의 문제입니다. 이 점을 알아야 합니다.

우리는 힘들고 어지러운 세상에 살면서 장차 무슨 일이 생길까 궁금해하며, 이런저런 소문과 경고 속에서 대체 무엇이 우리를 기다리고 있는지, 과연 어떻게 그것을 헤쳐 나가야 할지 알고 싶어 합니다. 우리는 어떻게 이 삶을 살아 나가야 합니까? 어떻게 이 삶에 직면해야 합니까? 자, 예수는 잠시 다음 세상부터 살펴본 후에 이 문제를 다루라고 말씀하십니다. 그러나 이것이 대다수의 현대인들에게는 맞지 않는 말이라는 것을 저도 잘 압니다. 그들은 말합니다. "아, 그림의 떡 같은 옛날이야기를 또 하네. 그리스도인들은 현실적이지가 못하다니까."

우리가 지난 100년간 자주 들은 말이 이것입니다. 사람들은 이런 식으로 기독교를 바라보고 있습니다. 자신들은 현실적인 사람들이기 때문에 세상에서 살아가는 데 도움이 될 말을 듣고 싶다는 것입니다. "그림의 떡" 같은 말에는 아무런 관심도 없다는 것입니다. 복음과 교회에서 실제적인 인생 프로그램을 찾고 싶다는 것입니다. 우리는 이런 이야기를 수도 없이 많이 들었습니다.

물론 우리가 원하든 원하지 않든, 사실은 삶 자체가 삶 너머의 세계를 생각하게 만듭니다. 인생 초기에 여유롭고 한가하고 편안한 삶을 살았던 사람은 마치 그런 삶이 거의 영원히 계속될 것처럼 착각하기 쉽습니다. 그래서 자신의 모든 힘과 관심을 세상의 삶에 집중시킵니다. 그런 사람에게 죽음을 이야기하고 삶 너머의 세계에 대해 이야기해 봐야 아무 소용이 없습니다. 우리는 어리석게도 하나님과 영적인 세계를 외면한 채 지상의 삶에 정착하기 위해 애를 써 왔습니다. 그런데 갑자기 세계대전이 일어나 모든 것을 파괴하면서, 삶 너머의 세계를 생각지 않을 수가 없게 되었습니다. 저는 이런 일들이 우리가 자초한 심판이라고 생각합니다. 이제야 비로소 우리는 세상의 삶이 본질적으로 덧없는 것임을 생각하며 무언가 깨닫기 시작하고 있습니다.

성경이 항상 우리에게 요구하는 바가 이것입니다. 이런 방식으로 출발하라는 것입니다. 이제 성경이 세상의 삶에 대해 무슨 말을 하는지 알아봅시다. 세상의 삶은 덧없는 것이며 일시적인 것입니다. 세상의 삶은 긴 여행에 불과합니다. 세상은 우리가 통과해서 지나가는 곳일 뿐입니다. 성경은 우리가 나그네요 외인이요 거류자라고 말합니다. 히브리서는 "여기에는 영구한 도성이 없으므로"라는 고전적인 문구로 이 점을 지적하고 있습니다[13:14]. 성경이 처음부터 끝까지 말하는 메시지가 바로 이것입니다. 우리는 지나가는 사람들이라는 것입니다. 나그네요 외인이요 여행자들이라는 것입니다.

성경이 계속 일깨우는 또 한 가지 사실은, 세상의 삶이 불확실성과 우연으로 가득 차 있다는 것입니다. 이것이 성경의 방식입니다. 항상 사실을 직시하게 만듭니다. 성경은 사실주의적인 관점을 가지고—저는 이 점을 자랑스럽게 여깁니다—언제 무슨 일이 일어날지 모르는 것이 바로 인생이라고 이야기합니다. 가장 안전하다고 생각하는 순간, 사건이 일어납니다. 비극은 우리가 이러한 성경의 관점을 외면해 버린 데 있습니다. 아시다시피 우리는 정치적인 법률이나 국제관계 같은 것들로 세상의 삶을 빈틈없이 안전하고도 확고하게 지킬 수 있다는 믿음을 가지고 있습니다. 그래서 연금계획도 세우고 국민건강보험제도도 만듭니다. 저는 지금 그런 노력들을 평가절하하는 것이 아닙니다. 제가 말하려는 바는, 우리가 그런 방법으로 삶을 확고하게 지킬 수 있다고 믿고 싶어 하지만 그런 방법으로는 삶을 확고하게 지킬 수가 없다는 것입니다! 생명의 책, 성경을 읽어 보십시오. 성경이 분명하게 전하는 메시지가 바로 이것입니다.

다음 단계는 당연히 세상의 삶에서는 어떤 안전도 확보되거나 보장될 수 없다는 것이며, 세상의 삶에 매여 세상과 세상에 속한 것을 의지하는 사람은 반드시 실망하게 되어 있다는 것입니다. 이 말이 절망스럽게 들립니까? 자, 제가 지금 할 수 있는 말은 현실이 바로 그렇다는 것입니다. 명백한 사실을 무시하는 것은 비지성적인 사람의 태도입니다.

복음 메시지를 떠나서는 궁극적으로 세상에서 안전한 삶을 살수 없다고 성경은 말합니다. 세상의 것과 세상의 사람들에게서만 최종적이고 궁극적인 행복을 찾는 자는 분명히 실망하게 되어 있습니다. 사람이나 가족이나 집이나 직업이나 돈이나 건강이나 힘에서 마음의 평안을 찾는 자, 그런 것에서 궁극적인 의미의 행복과 기쁨과 마음의 평안을 찾는 자는—오, 가혹하지만 사실을 말씀드리겠습니다—반드시 실망하게 되어 있습니다.

그런 것들은 어느 날 전부 사라져 버립니다. 그런데도 우리는 대부분 그런 것들에 근거하여 자신의 인생철학을 세우고 있지 않습니까? 20세기가 이렇게 불행해진 이유, 전쟁으로 모든 것이 흔들리고 무너져 버린 이유가 여기 있습니다. 우리는 세상의 삶을 의지했습니다. 그런데 갑자기 전쟁이 일어나 모든 것을 산산조각 내 버렸습니다. 그런 것들은 영원히 지속되지 않으니 의지하지 말라고 성경은 호소합니다. "우리가 여기에는 영구한 도성이 없으므로." 우리는 왔다 갈 사람들입니다. 세상에 있는 것들도 다 지나갈 것입니다. 흘러갈 것들입니다. "이 천지 만물 모두 변하나"통일찬송가 531장 2절. 세상에 있는 것들은 다 지나가고 흘러갈 것들입니다.

성경은 그 이유도 같이 밝혀 주고 있습니다. 세상에 있는 것들이 이처럼 지나가고 흘러가는 것은 죄 때문입니다. 원래는 이렇지 않았습니다. 죄 때문에 이렇게 된 것입니다. 죄가 우리를 하나님에게서 떨어뜨려 놓았습니다. 하나님을 외면하고 잊게 만들었습니다. 그래서 우리는 현세의 삶을 영원히 지속시킬 수 있을 것처럼, 하나님 없이 그렇게 할 수 있을 것처럼 착각하게 되었습니다. 그런데 하나님이 우리를 찾아와 죄 때문에 "반드시 죽으리라"라고 말씀하십니다창 2:17. 바로 그것이 우리를 두렵게 합니다! 죽음만 물리치면 완벽한 세상을 만들 수 있을 것 같습니다. 그런데 아무리 무시하려 해도 온 인류를 사로잡고 있는 죽음의 공포는 쉽게 떨쳐지지가 않습니다.

그다음 명제는 세상의 삶이 이렇기 때문에 우리가 정말 집중해야 할 가장 중요한 대상은 바로 영혼의 삶이라는 것입니다. 우리는 덧없고 일시적인 세상에서 살고 있습니다. 불확실한 세상에서 살고 있습니다. 바로 다음 순간 무슨 일이 일어날지 알 수가 없습니다. 언제 종말이 임할지도 알 수가 없습니다. 무엇 하나 기대거나 의지할 만한 것이 없습니다. 그러면 이제 우리는 어떻게 해야 합니까? 성경은 말합니다. "자, 네 안에는 세상의 삶보다 더 큰 것, 소멸되지 않는 것이 있다. 그것은 영혼이다." 육신이 죽고 세상이 끝나도 영혼은 사라지지 않습니다. "휘장 너머"에서 계속 존재합니다. 이 영혼에 집중해야 합니다! 이 영혼이 중요합니다. 외적인 삶이 중요한 것이 아니라 내적인 삶이 중요합니다.

이미 살펴보았듯이 주님은 이 점을 아주 명확하게 짚어 주셨습니다. 그는 복음을 전하기 위해 제자들을 파송하려 하셨습니다. 그때 출발을 앞두고 두려워하며 염려하는 그들에게 해주신 말씀이 이것입니다. "그렇다. 사람들은 복음을 전한다는 이유로 너희를 죽일 수 있다. 그러나 두려워하지 마라. 몸은 죽여도 영혼은 능히 죽이지 못하는 자들을 두려워하지 마라"마 10:28 참조. 원수들은 몸은 죽여도 영혼은 건드리지 못합니다. 영혼은 소멸시키지 못합니다. 공격하지 못합니다. 침해하지 못합니다. 그렇기 때문에 영혼의 삶에 집중해야 하는 것입니다.

긴 안목으로 바라보라는 것이야말로 성경이 처음부터 끝까지 가르치고 있는 중요한 원리 아닙니까? 어리석은 부자에 대한 주님의 비유를 기억합니까? 곡간이 모자랄 만큼 농부로서 큰 성공을 거둔 부자는 이렇게 말했습니다. "영혼아, 여러 해 쓸 물건을 많이 쌓아 두었으니 평안히 쉬고 먹고 마시고 즐거워하자." 즉, "만사형통이로구나. 이제 호시절만 남았다"라고 말한 것입니다. 그러나 하나님은 말쏨하셨습니다. "어리석은 자여, 오늘 밤에 네 영혼을 도로 찾으리니" 눅12:19-20. 중요한 것은 영혼입니다.

이것은 성경이 묘사하는 바, 세상의 삶과 관련된 세 번째 명제로 이어집니다. 지금 우리가 살고 있는 삶의 주된 역할과 목적은 다음 삶을 준비하는 것입니다. 이 점을 분명히 짚고 넘어갑시다. 지금 저는 도피주의적인 발언을 하는 것이 아닙니다. 세상을 외면하거나 현재의 삶을 경시하는 것이 아닙니다. 수도원에 틀어박혀 수도사가 되라거나 은둔자가 되라는 것도 아닙니다. 결코 아닙니다! 제 말에 주의하십시오. 저는 **주된** 역할이라고 했습니다. 다른 역할도 많이 있습니다. 오, 그렇습니다. 사업도 하고, 직장 일도 하고, 가정도 챙겨야 합니다. 최대한 열심히 살아야 합니다. 그러면서도 지금 살고 있는 삶의 주된 목적이 다음 삶을 준비하는 데 있음을 잊어서는 안 됩니다. 이것이 성경의 원리이며, 성도들이 보여준 삶의 비결입니다. 히브리서 11장을 다시 읽어 보십시오. 그들의 비결은 "하나님이 계획하시고 지으실 터가 있는 성"을 바라보는 것이었습니다. 그들은 이 땅의 "외국인과 나그네"로서 장차 올 것을 준비하며 자신들의 길을 걸어갔습니다10, 13절.

이것이 첫 번째 주된 명제입니다. 결국 세상의 삶을 이해하는 유일한 방법은 다음 세상에 비추어 바라보는 것입니다.

두 번째 명제는 이것입니다. 다음 세상을 제대로 보아야 이 세상에서도 제대로 살 수 있으며 승리할 수 있습니다. 이 세상에서 승리하고 이기는 삶을 살았던 사람들의 비결은 이미 살펴보았습니다. 히브리서 기자는 "그 앞에 있는 즐거움을 위하여 십자가를 참으사 부끄러움을 개의치 아니하"신 분을 소개함으로써 도움을 주고 있습니다. 그가 지상에서 어떤 대접을 받으셨는지 보십시오. 대적들이 악의를 품고 심히 핍박하며 부당하게 대우했던 것을 보십시오. 그러다가 결국 십자가에 달려 고통을 당하면서도 그는 그 모든 일을 넉넉히 이기셨습니다. 어떻게 그렇게 하실 수 있었을까요? "그 앞에 있는 즐거움"을 바라보셨기 때문입니다.

그를 따르던 자들도 마찬가지였습니다. 로마서 8장의 강력한 말씀을 다시 생각해 보기 바랍니다. 바울은 말합니다. "아, 그렇다. 나는 곤란과 어려움이 없으리라고 말하는 것이 아니다. 우리는 도살할 양 같은 취급을 받을 것이다. 나는 너희가 앞으로 편안하게 살 것이라고 말하지 않는다. 복음을 믿으면 세상에서 안정된 여생을 보낼 것이라고 말하지도 않는다. 그렇지 않다! 사람들은 너희를 핍박할 것이며 죽이려 들 것이다. 지옥이 벌떼같이 일어나 너희를 대적할 것이다. 그러나 개의치 마라."

이 모든 일에 우리를 사랑하시는 이로 말미암아 우리가 넉넉히 이기느니라. 내가 확신하노니 사망이나 생명이나 천사들이나 권세자들이나 현재 일이나 장래 일이나 능력이나 높음이나 깊음이나 다른 아무 피조물이라도 우리를 우리 주 그리스도 예수 안에 있는 하나님의 사랑에서 끊을 수 없으리라롬 8:37-39.

그렇습니다. 최악의 상황이 닥치려면 닥치라고 하십시오! 무엇이 저 앞에서 나를 기다리는지 확실히 알기에 능히 감당할 수 있습니다. 나는 내가 지금의 삶을 넘어서는 삶을 준비하고 있음을 압니다. 사도 바울이 곳곳에서 주장한 바가 바로 이것입니다. 그는 빌립보 사람들에게 편지를 쓰면서 자신의 미래가 불확실하며 살지 죽을지조차 알 수 없지만 전혀 개의치 않는다고 말했습니다. "이는 내게 사는 것이 그리스도니 죽는 것도 유익함이라." 그는 "그리스도와 함께 있을 욕망을 가진 이것이 더욱 좋"았기 때문에 죽는다 해도 상관이 없었습니다빌 1:21, 23 참조. 역사에 등장했던 하나님의 성도들이 어떤 삶을 살았는지도 다시 읽어 보기 바랍니다. 수많은 고초를 겪으면서도 얼마나 기뻐했는지 모릅니다!

리처드 백스터Richard Baxter, 1615-1691의 위대한 찬송을 기억합니까? 세상에서 정말 고생한 사람을 꼽으라면 바로 백스터를 꼽아야 할 것입니다. 그런데도 그는 이렇게 썼습니다.

주여, 살든 죽든
염려치 않나이다.
제 몫은 오직 주를 사랑하고 섬기는 것뿐,
은혜로 그 몫을 허락하소서.

오래 살면

오래 순종하니 기쁘고,

일찍 죽어도

영원한 날이 기다리니 무엇을 슬퍼하리이까?

그의 고요함과 평안함이 느껴집니까? 이러한 평안의 토대가 무엇일까요? 자신이 갈 곳에 대한 확신입니다. 그는 무엇이 저 앞에서 자신을 기다리는지 알았습니다. 세상에 살았던 성도들은 모두 그것을 알았습니다.

이제 실제적인 차원에서 평안을 다루어 봅시다. 여러분은 어떻습니까? 다음 세상과 죽음, 죽음 너머의 삶을 어떻게 바라보고 있습니까? 그것만 생각하면 겁이 납니까? 생소한 느낌이 듭니까? 그것을 생각하는 것이 여러분에게 도움이 됩니까, 아니면 고민이 됩니까? 여러분의 관점은 어떤 것입니까? 이것은 여러분이 직면해야 할 질문 중에서도 가장 중요한 질문입니다. 우리는 이 질문에 대답해야 합니다. 피하면 안 됩니다. 여러분의 느낌은 어떤 것입니까? 복된 확신입니까? 아니면 죽어서 세상을 떠난다는 것이 절망스럽고 두렵고 생소하게만 느껴집니까? 이것이 우리가 대답해야 할 질문입니다. 다음 세상을 어떻게 바라보느냐, 궁극적으로는 하나님과 주 예수 그리스도를 어떻게 바라보느냐에 모든 것이 달려 있습니다.

이에 대해 주님이 제자들에게 말씀하신 내용은 한마디로 이것

내 아버지
집에

입니다. "나는 곧 죽어서 너희를 떠날 것이다. 그리고 너희도 결국은 죽어야 한다. 그러나 겁내지 마라. 마음에 근심하지 마라. 내가 왜 이렇게 말하겠느냐? 너희가 죽어서 가는 곳이 어디냐? 바로 내 아버지의 집이 아니냐? 알다시피 나는 너희에게 숨긴 이야기가 하나도 없다. 껄끄러워서 감춘 이야기가 하나도 없다. 나는 항상 사실을 말했다. 만약 우리가 다시 만나지 못한다면 그렇게 말했을 것이다. 그러나 우리는 만날 것이다. 다음 세상의 삶에 대해 내가 너희에게 한 말은 전부 사실이다."

우리는 대부분 죽음을 무서운 공포의 대상으로 여깁니다. 마치 우리를 잡으러 오는 저승사자처럼 생각합니다. 죽음이야말로 가장 무서운 것, 피하고 싶은 것이라고 말합니다. 그러나 그리스도는 그렇지 않다고 하십니다. 죽음은 주님을 따르는 자들이 아버지의 집으로 들어가는 문에 불과합니다. "내 아버지 집에 거할 곳이 많도다."

죽고 나면 모든 것이 생소하고 무섭기만 한 크고 영원한 세계에서 육체 없이 살아야 할 것처럼 생각하기 쉽습니다. 그러나 주 예수 그리스도의 형제와 자매 된 하나님의 자녀들에게 죽음은 사실 집으로 돌아가는 일입니다. 하나님은 저 멀리 영원한 곳에 뚝 떨어져 있는 무섭고도 끔찍한 어떤 힘이 아닙니다. 여러분의 아버지입니다. 상상할 수도 없을 만큼 여러분을 사랑하시는 분입니다. 사람들 사이에 사랑을 주신 것에 대해서도 우리는 감사를 드려야 합니다. 그러나 친애하는 여러분, 하나님께 속한 자들에게 주시는 그의 사랑에 비하면 사람들 사이의 사랑은 보잘것없고 하찮은 것에 불과합니다. "내 아버지 집"은 영광스러운 집입니다.

또 죽음에 담긴 의미는 무엇일까요? 죽는다는 것은 곧 그리스도와 함께 있게 되는 것을 뜻합니다. 그는 말씀하셨습니다. "내가 너희를 위하여 거처를 예비하러 가노니 가서 너희를 위하여 거처를 예비하면 내가 다시 와서 너희를 내게로 영접하여 나 있는 곳에 너희도 있게 하리라." 복음서를 읽다 보면 온 세상을 다 주고서라도 반나절만 주님과 함께 있고 싶다는 생각이 들지 않습니까? 주님의 눈과 얼굴을 쳐다보며 그의 영광스러운 임재를 느끼는 것은 분명 경이로운 일일 것입니다! 그런데 그를 믿고 신뢰하는 사람은 죽음을 맞이하는 그 순간부터 영원토록 그와 함께 지내게 됩니다. 그의 복되신 임재 가운데 그를 즐거워하며 영원토록 영광스러운 삶을 함께하게 됩니다.

저는 "거할 곳"mansions이라는 말이 참 좋습니다. "내 아버지 집에 거할 곳이 많도다." 그리스도는 "겁낼 필요 없다. 아버지 집에는 너희가 다 차지하고도 남을 만한 방이 있다"라고 말씀하십니다. "거할 곳"이라는 말에 담긴 의미가 무엇입니까? 영구적으로 받은 땅에 자리한 안전한 곳이라는 것입니다. 세상에서는 장막과 천막에 살면서 밤낮으로 옮겨 다녔습니다. 그러나 그곳에서는 나를 위해 모든 것이 준비되고 갖추어진 집에서 안전하고 안정되며 편안한 삶, 평화와 기쁨의 삶을 살 수 있습니다. 내가 기대하던 모든 것, 마음으로 바라던 모든 것을 상상했던 것보다 더 넘치게 누릴 수 있습니다. "내 아버지 집에 거할 곳이 많도다." 이 사실을 절대적으로 확신할 수 있는 근거는 주님이 "그렇지 않으면 너희에게 일렀으리라"라고—"나를 믿으라. 나에게 너를 맡겨라"라고—말씀하신 데 있습니다.

정말 중요한 것은 다음 세상의 삶이라는 제 말에 여러분도 동의하리라 생각합니다. 무엇이 저 앞에서 자기를 기다리는지 아는 사람은 세상이 아무리 박대해도 개의치 않습니다. 세상은 그것을 절대 건드리지 못함을 알기 때문입니다. 그것은 확실한 것이며 절대적인 것입니다. 그렇습니다. 아무리 사람들이 나를 박대하고 지옥이 벌떼같이 일어나 덤벼들어도 하나님의 백성에게는 "안식할 때가" 남아 있습니다[히 4:9]. "터가 있는 성"[히 11:10]은 시간의 흐름 너머에 있습니다. 그 성은 하나님의 집입니다. 그 집의 영광은 결코 흐려지거나 약해지지 않습니다.

여러분은 이 사실을 믿습니까? 결국은 이것이 지금과 같은 세상에 주시는 유일한 위로입니다. 이 사실을 확실히 알고자 하는 사람은 하나님을 믿어야 하며, 주 예수 그리스도를 믿어야 합니다. 여러분을 위해 거처를 예비하러 가신 그리스도가 다시 와서 여러분을 영접해 주실 것입니다. 중요한 것은 바로 여러분의 영혼임을 알아야 합니다. 저는 여러분의 육신에 대해 아무것도 보장해 드릴 수 없습니다. 여러분의 육신은 무슨 일을 당할지 모릅니다. 며칠 안에 죽을 수도 있습니다. 그러나 영혼은 보장해 드릴 수 있습니다. 성자 하나님이 여러분의 불멸하는 영혼을 안전하게 지키시는 한, 세상에서 무슨 일이 일어나든 개의할 필요가 없습니다. 생의 마지막 순간에 그가 여러분과 함께하실 것이며 여러분을 안아서 데려가실 것입니다. 여러분을 위해 예비해 놓은 거처의 문을 열어 주실 것입니다. 그리로 들어가 영원히 사라지지 않을 것들을 누리기만 하면 됩니다.

　이 또한 마음의 평안을 얻는 비결입니다. 이 사실을 첫 자리에 새겨 두고 절대로 잊지 마십시오. 아무리 행복해도 잊지 마십시오. 세상과 세상에 속한 것에 좌우되는 행복은 언젠가 끝이 나게 되어 있습니다. 이 사실을 첫자리에 새기십시오. 그러고 나서 나머지 것들을 마음껏 누리십시오. 여러분이 진정 그리스도의 것이라면 세상의 그 무엇도 그 누구도 여러분을 그에게서 끊어 낼 수 없으며, 그 안에 있는 하나님의 사랑에서 끊어 낼 수 없음을 먼저 생각하십시오. 하나님을 믿으십시오. 그 아들 주 예수 그리스도를 영혼의 구주로 믿으십시오. 그가 여러분을 위해 거처를 예비하러 가셨습니다. 이제는 영원한 기업이 여러분을 기다리고 있음을 마음 놓고 확신해도 됩니다.

5.

내가 너희를 위하여
거처를 예비하러 가노니

계 21:2-4

또 내가 보매
거룩한 성 새 예루살렘이 하나님께로부터 하늘에서 내려오니
그 준비한 것이 신부가 남편을 위하여 단장한 것 같더라.……
그들은 하나님의 백성이 되고 하나님은 친히 그들과 함께 계셔서
모든 눈물을 그 눈에서 닦아 주시니
다시는 사망이 없고 애통하는 것이나 곡하는 것이나 아픈 것이 다시 있지 아니하리니
처음 것들이 다 지나갔음이러라.

예수 그리스도가 주신 복음의 가장 두드러진 특징은 비범한 논리성에 있습니다. 복음은 자신을 눈물이나 쥐어짜는 감상적인 것으로 취급하는 사상을 여지없이 논파해 버립니다. 논리를 원한다면 바로 복음을 보아야 합니다. 복음은 먼저 현실을 직시할 것을 요구하며, 현실은 괜찮지 않은데도 허세를 부리면서 "괜찮다"라고 넘어가지 말 것을 요구합니다. 이제껏 살펴본 모든 내용에 논리적으로 따라오는 다음 단계가 있는데, 이 단계가 아주 중요합니다.

어떤 이는 말합니다. "하늘에 날 위한 거처가 준비되어 있는 것까지는 좋지만, 문제는 거기에 어떻게 가느냐 하는 겁니다." 여기 그 대답이 주어져 있습니다. "내가 너희를 위하여 거처를 예비하러 가노니 가서 거처를 예비하면 내가 다시 와서 너희를 내게로 영접하여 나 있는 곳에 너희도 있게 하리라." 이것은 당연히 주 예수 그리스도의 복음 중에서도 아주 중대한 말씀에 속합니다. 한마디 덧붙이자면, 복되신 성자 하나님의 입에서 나온 말씀 중에 가장 놀라운 말씀이기도 합니다. "내가 너희를 위하여 거처를 예비하러 가노니." 이 한 말씀에 복음이 다 들어 있습니다. 이 한 구절에 기독교 신학과 교리가 다 들어 있습니다.

이 말씀을 너무나 자주 무시하고 오해했던 것이야말로 오랜 교회 역사와 복음 전파의 역사를 통틀어 가장 비극적인 일이라고 저는 생각합니다. 이 말씀을 감상적으로만 대했을 뿐, 그 속에 담긴 참된 진리와 의미를 살펴보는 경우는 그리 많지 않았습니다. 그러나 이 말씀을 제대로 이해하려면 신학적이고 교리적으로 접근해야 합니다. 이 말씀 앞에 멈추어 서서 정확한 의미를 따져 보아야 합니다. 그런데 그런 경우가 많지 않다는 것이 비극입니다. 물론 여기에 복음의 핵심이 들어 있다는 것을 생각하면 그리 놀랄 일도 아닙니다. 영혼의 대적인 사탄이 특히 더 신경을 써서 혼동과 혼란을 일으키려 드는 것이 당연합니다. 그래서 이 말씀을 둘러싸고 그렇게 많은 문제와 논쟁과 분란이 일어났던 것입니다.

"나는 곧 죽을 것"이라는 주님의 말씀을 듣자마자 제자들은 근심에 빠졌습니다. 왜 그랬을까요? 주님의 떠남과 죽음이 무엇을 의미하는지 몰랐기 때문입니다. 우리는 과연 그들보다 더 잘 알고 있는지 모르겠습니다. 예수 그리스도의 죽음이 의미하는 바가 무엇입니까? 우리는 이 질문에 대답을 해야 합니다. 그의 죽음이 여러분에게 의미하는 바가 무엇입니까?

많은 이들은 그의 죽음을 세상에서 가장 비극적인 사건으로 보는 입장에서 한 걸음도 더 나아가지 않습니다. 시대를 너무 앞서 나간 나머지 오해를 받은 한 선생의 죽음으로 보는 것입니다. 또 어떤 이들은 바리새인과 서기관과 유대 율법학자들의 적개심과 질투에

희생당한 순교자의 죽음으로 여기기도 합니다. 세상은 워낙 악하기 때문에 그런 인물을 용납하지 못한다는 것이 그들의 생각입니다. 그러니까 예수의 죽음도 소크라테스의 죽음처럼 인간의 큰 비극이라는 것입니다. 세상에는 항상 위대한 순교자들이 있었는데, 나사렛 예수도 그중에 하나라는 것입니다. 또 어떤 이들은 그의 죽음을 정치선동가의 죽음으로 봅니다. 예수가 동족을 로마의 압제에서 구하려다가 로마 당국의 계략에 휘말려 제거되었다고 말합니다.

이러한 설명들은 예수의 죽음을 단순한 **인간**의 죽음, 순교자의 죽음, 위대한 선생의 죽음으로 몰고 갑니다. 그 밖에 다른 견해들도 여러 가지 있지만 이상의 견해들과 대동소이하기 때문에 굳이 여기에서 다룰 필요는 없습니다. 이제 주님은 친히 뭐라고 설명하셨는지 살펴보기로 합시다. 그는 "난 이제 떠난다. 무엇을 위해 떠나는가? 너희가 거할 곳을 예비하기 위해 떠난다"라고 하십니다.

우리는 천국에 가서 아버지 앞에 이르는 것을 당면 목표로 삼고 있습니까? 실제로 예수 그리스도의 복음이 가장 많이 다루고 있는 질문이 이것입니다. 복음의 크고 중심 되는 목적이 바로 여기 있습니다. 어떤 이는 말할 것입니다. "하지만 내가 알고 싶은 건 그런 게 아니라 내가 이 세상에서 어떻게 살아갈 것이냐, 이 세상이 앞으로 좀 더 나아질 것이냐 하는 겁니다." 자, 이 점은 나중에 좀 더 자세히 다루겠지만, 세상에 평화를 가져다줄 기발한 방법 같은 것은 신약성경에 나오지 않는다는 말은 해야겠습니다. 복음은 그런 약속을 하지 않습니다.

복음이 약속하는 것은 궁극적인 운명의 영원한 안전입니다. 복음은 "나를 믿으면 세상에서 아무 근심 없이 살 것이다. 나를 믿으면 전쟁이 사라질 것이다"라고 말하지 않습니다. 절대 그렇게 말하지 않습니다! 이것은 복음을 우습게 만드는 말입니다. 실제로 이렇게 믿는 이들은 이미 환상에서 깨어났거나 곧 깨어나게 되어 있습니다. 과거 어느 때보다 지난 100년 동안 두 차례의 큰 전쟁을 겪으면서 이런 주장이 많이 전파되었습니다. 그러나 복음의 목적은 전쟁을 피할 방법을 알려 주는 데 있지 않습니다.

복음이 우리에게 알려 주는 것은 전쟁이 일어나든 일어나지 않든 유한한 세상은 지나간다는 사실입니다. 어찌 되었든 우리는 죽게 되어 있습니다. 중요한 것은 죽은 후에 어떻게 하나님 앞에 이르러 영광 가운데 천국에서 영원히 살 수 있느냐 하는 것입니다. 이것이 제가 관심을 갖는 문제이자 우리가 유일하게 관심을 가져야 할 문제입니다. 다른 관심사들이 다 사라질 날, 모든 것을 남겨 두고 세상을 떠나야 할 날이 다가오고 있습니다. 그날, 우리는 미지의 영원한 세계와 마주하게 될 것이며, 그때쯤이면 이미 우리의 중대한 질문—하나님을 어떻게 알 수 있는가?—에 답이 주어져 있을 것입니다. 존 뉴턴[John Newton]의 찬송처럼 말입니다.

음악 같은 그 이름
숨질 때 내 영혼 새롭게 하리[통일찬송가 81장 4절 참조].

어떻게 이런 일이 일어날 수 있을까요? 자, 주님은 여기에서 정확히 이 문제를 다루고 계십니다. 그가 "내 아버지 집에 거할 곳이 많도다"라는 말씀만 하신 것은 아닙니다. "내가 여기 있는 것은 그 집에 가는 방법을 알려 주기 위해서다"라고도 하셨습니다. 주님은 지극히 논리적인 방안을 제시하십니다. 이 일은 주님이 우리 대신 해주셔야 한다는 것입니다. 그 이름을 송축하십시오. 주님은 **이미** 이 일을 해주셨습니다. 그는 제자들에게 "자, 들어 봐라. 너희 스스로 그 집에 갈 수 있는 방법을 알려 주겠다"라고 하시지 않았습니다. 우리 스스로 하나님 앞에 이르러 천국에서 영원히 그의 임재 가운데 살기 위해 완수해야 할 프로그램의 개요를 말씀해 주시지 않았습니다. 그렇습니다. 그가 하신 말씀은 자신이 친히 "너희를 위하여 거처를 예비하러" 가신다는 것이었습니다.

이것이 예수 그리스도 복음의 출발점입니다. 복음은 성자 하나님이 우리 대신 하신 일을 선포하고 선언합니다. 복음은 여러분과 제가 스스로 구원을 얻을 방법, 천국에 이르는 가파른 언덕을 오를 방법, 우리 힘으로 천국에 들어갈 권리를 얻을 방법을 알려 주지 않습니다. 복음이 가장 먼저 하는 이야기는 우리 힘으로는 절대 그 일이 불가능하다는 것이며, 그 다음으로 하는 이야기는 주님이 자발적으로 세상에 오셔서 그 일을 대신 해주셨다는 것입니다. 우리를 천국에 들여보내 주실 분은 주 예수 그리스도 한분밖에 없습니다. 주님은 이 말씀을 시작으로, 자신의 죽음과 부활과 승천에 담긴 의미를 친히 설

내가 너희를 위하여
거처를 예비하러 가노니

명해 주셨습니다.

그는 제자들에게 "자, 나는 곧 너희를 떠날 것이다. 인자가 영광을 받을 때, 하나님이 인자를 통해 영광을 받으실 때가 왔다"라고 하셨습니다. 자신이 곧 죽을 것과 무덤에서 일어나 승천할 것을 알려 주셨습니다. 그가 이런 일을 하시는 목적은 우리를 함께 데려가시려는 데 있습니다. 오직 이 한분, 주 예수 그리스도 때문에 우리가 천국에 들어갈 수 있는 것이며 영원한 거처와 집에 들어가 하나님과 더불어 살 수 있는 것입니다. 이 권리를 그가 대신 얻어 주셨습니다.

그렇다면 이 권리를 얻어 주기 위해 그가 하신 일이 무엇일까요? 자, 달리 표현해 보겠습니다. 우리가 스스로 극복할 수 없는 문제가 대체 무엇이기에 그가 대신 극복해 주신 것일까요? 우리의 목표는 천국에 들어갈 권리, 하나님 앞에 거할 권리를 얻는 것입니다. 그런데 천국과 우리 사이를 가로막는 장애물들이 있습니다. 축구경기를 생각하면 되겠습니다. 한 사람이 공을 잡고 있습니다. 골을 넣으려 하는데 선수 몇 사람이 앞을 가로막습니다. 그 선수들을 다 제쳐야 골을 넣을 수 있습니다. 저와 여러분의 입장이 바로 그렇습니다. 또는 전쟁 상황을 생각해도 좋습니다. 우리가 점령하려는 도시가 있습니다. 그런데 중무장한 군인들이 앞을 가로막고 있습니다. 어떻게 그들을 뚫고 나가야 할까요?

지금 주님이 제자들에게 주시는 말씀은 곧 우리에게 주시는 말씀이기도 합니다. 그는 자신이 앞장서서 우리 대신 길을 열고 나가 거처를 예비해 놓겠다고 하셨습니다. 그러기 위해 하셔야만 했던 일이 무엇입니까? 그의 영광스러운 죽음에 담긴 의미를 알 수 있도록 일목요연하게 정리해서 제시해 보겠습니다. 여러분과 제가 하나님 앞에 나아가 영원한 영광을 누리기 위해 땅에서 이루어져야 할 일이 있고 하늘에서 이루어져야 할 일이 있습니다.

우리가 가장 먼저 만나는 장애물은 하나님의 율법입니다. 하나님은 사람을 만드셨을 뿐 아니라 율법을 주어 어떻게 살아야 하는지도 가르쳐 주셨습니다. 그 율법을 지켜야만 하나님 앞에 설 수 있으며 그와 사귐을 누릴 수 있다고 하셨습니다. 그렇기 때문에 천국에 가려면 먼저 율법의 요구를 만족시켜야 합니다. 하나님은 우리가 모든 율법을 존중하며 지키지 않는 한 절대 그 앞에 설 수 없다고 하셨습니다. 그렇다면 하나님의 율법에는 무엇이 있을까요? 십계명이 있습니다. 더 알아볼 것 없이 이 십계명만 살펴보아도 우리의 필요가 금방 드러납니다. 나는 하나님, 오직 하나님만 섬겨야 합니다. 하나님만 높여야지 다른 것을 높이면 안 됩니다. 절대 우상을 섬기면 안 됩니다. 나무와 돌로 만든 우상뿐 아니라 나 자신이나 직업이나 돈이나 사랑하는 사람이나 집도 섬기면 안 됩니다. 또한 나는 하나님의 안식일을 존중해야 합니다. 도적질하지 말아야 합니다. 간음하지 말아야 합니다. 이런 계명들이 다 하나님의 율법입니다. 주 예수 그리스도는 "네 마음을 다하며 목숨을 다하며 힘을 다하며 뜻을 다하여 주 너의 하나님을 사랑하고 또한 네 이웃을 네 자신같이 사랑하라"

내가 너희를 위하여
거처를 예비하러 가노니

라는 것이 곧 하나님의 율법이라고 말씀하시면서^{눅 10:27}, 이 모든 계명을 하나로 요약해 주셨습니다.

하나님의 율법은 우리에게 질문합니다. "너는 나를 지켰느냐? 너는 나를 귀히 여겼느냐?" 그렇지 못했다면 하나님 앞에 설 수가 없습니다. 좋든 싫든 우리는 이 사실과 마주해야 합니다. 율법을 모른다는 것은 핑계가 되지 않습니다. 그렇지 않습니까? 나라 법을 어기면 체포되어 법정에 서는 것이 마땅합니다. 그런 법이 있는 줄 몰랐다며 항변한다고 풀어 줍니까? 자신의 불법행위를 얼렁뚱땅 넘길 수 있다고 생각한다면 큰 오산입니다. 법은 반드시 존중해야 합니다!

그런데 우리가 율법을 지킬 수 있습니까? 지키려고 시도하는 사람은 많지만, 실제로 다 지키는 사람은 한 명도 보지 못했습니다. 또한 가지 문제는 이처럼 법을 지키지 않고 존중하지 않았기 때문에 우리는 하나님 앞에 다 죄책이 있으며, 율법을 어긴 정죄 아래 있다는 것입니다. 하나님 앞에 아무 죄도 없다고 느끼는 사람이 과연 있을까요? 물론 우리는 모두 "난 죄인인 것 같지 않은데"라고 말하는 어리석은 사람들을 만난 적이 있습니다만, 그 말은 몇 가지 특정한 죄를 짓지 않았다는 뜻에 불과합니다. 우리는 다 죄인입니다. 우리가 다 죄인이라는 말은 하나님께 마땅히 돌려야 할 존귀와 영광을 돌리지 않았다는 뜻입니다. **모든 영광은** 그분께만 돌려야 합니다. 아무리 선하고 도덕적인 사람도 자기 의로 가득 찬 삶을 산다면 심각한 죄를 지은 것입니다. 이처럼 우리 앞에는 죄책과 율법의 정죄라는 장애물이 있습니다.

또 어떤 장애물이 있을까요? 자, 성경에 따르면 율법은 "죄의 형벌은 죽음"이라고 선포합니다. 죽음이 코앞에서 우리를 청구하고 있습니다. 죽음은 모든 사람이 하나님께 죄를 지은 죄인이라고 주장합니다. 그러니까 "그들을 청구한다"라고 하면서, 별다른 조처가 없는 한 사람들을 끌고 가 버립니다. 이처럼 죽음은 천국에 이르는 길을 가로막는 강력한 원수입니다. "죄의 삯은 사망이요"롬 6:23. 히브리서 기자가 어떤 의미에서 우리 모두 평생토록 죽음을 무서워하며 산다고 말한 이유가 여기 있습니다히 2:15. 우리는 하나님 앞에 이르지 못하도록 죽음이 잡아갈까 봐 벌벌 떨고 있습니다.

마지막으로 우리가 마주하는 원수는 마귀입니다. 성경은 인간이 죄를 지음으로써 마귀의 권세 아래 들어가게 되었다고 가르칩니다. 히브리서 2:14에 나오듯이 마귀는 죽음의 세력을 잡고 있습니다. 이처럼 마귀는 우리를 지배하고 있기 때문에 언제라도 죽음과 지옥의 손아귀에 집어던질 수 있습니다. 아무런 도움 없이 자기 힘으로 천국의 거처에 이르려 하고 하나님 앞에 이르려 하는 사람은 반드시 그 길에서 마귀를 맞닥뜨리게 되어 있습니다.

좋든 싫든 우리는 이러한 원수 및 장애물들과 마주쳐야 합니다. 피하고 싶지만 피할 도리가 없습니다. 우리는 이 현실을 직시해야 합니다. 그런데 감히 말하건대 하늘에도 장애물이 한 가지 있습니다. 그것은 하나님의 거룩하심과 공평과 의입니다. 하나님은 빛입니다.

그에게는 어둠이 조금도 없습니다. 그는 온전히 순결하신 분으로, 불순하거나 무가치하거나 죄 있는 것은 절대 그 앞에 설 수가 없습니다. 그래서 발생하는 문제가 이것입니다. 도대체 인간이 어떻게 천국을 오염시키지 않으면서 거기 들어갈 수가 있을까요? 우리는 이 문제를 해결해야 합니다. 로마서 말씀을 빌려서 표현해 봅시다. 하나님은 어떻게 자신의 의를 지키시면서 경건치 못한 자도 의롭다 하실 수 있을까요?[롬 3:26] 이것이 궁극적인 문제입니다. 설령 죄 사함을 받았다 해도, 어떻게 그토록 거룩하신 하나님 앞에 감히 버티고 서 있을 수 있겠습니까?

이런 생각을 해본 적이 있습니까? 이 땅에서도 특별히 덕이 높고 훌륭한 사람을 만날 때가 있습니다. 그런 사람 앞에 서면 자기 자신이 얼마나 초라하게 느껴지는지 모릅니다. 그 사람이 너무나 훌륭하기 때문에 한자리에 있기가 영 불편합니다. 또 특별한 행사에 참석했을 때에도 그 엄청난 자리가 감당이 되지 않아 안절부절못할 때가 있습니다. 그것을 무한히 확대해 보면 하나님 앞에 선다는 것이 어떤 것인지 짐작해 볼 수 있습니다. 성경에는 이상 가운데 하나님을 뵌 사람들의 이야기가 나옵니다. 예컨대 이사야는 "나는 입술이 부정한 사람"이라고 고백했고[사 6:5], 또 다른 이들은 아예 몸을 숨겨 버렸습니다. 엄청난 하나님의 영광과 위엄과 거룩하심에 압도당했기 때문입니다.

이런 생각을 해본 적이 있습니까? 우리는 하늘에 들려 올라가 영원하신 하나님을 뵈어야 합니다. 그러려면 그 전에 무슨 조처가 있어야 합니다! 천국에서 부끄럽지 않을 뿐 아니라 즐겁게 하나님을 뵐 수 있도록 더러운 옷 같은 우리 의를 감추어 줄 무슨 조처가 있어야 합니다. 때로 성경을 즐겁게 읽기가 너무나도 힘들다고 토로하는 분들이 있습니다. 지루하다는 것입니다. 기도도 마찬가지입니다. 기도회도, 주 예수 그리스도에 대한 설교를 듣는 일도 아주 지루하게 느껴집니다. 지금도 그렇게 지루하면 천국에서는 어떻게 참고 지낼 생각입니까? 거기서는 내내 하나님을 찬양하고 예배하며 그분께 영광을 돌리고 그 이름을 높이는 일만 할 텐데 말입니다. 다른 말은 한 마디도 하지 않을 것입니다. 땅 위의 관심사는 아예 꺼내지도 않을 것이고, 입에 올리지도 않을 것입니다. 그런데 어떻게 천국에서 즐겁게 지낼 수 있겠습니까?

이래도 우리에게 무슨 조처가 필요하다는 사실을 모르겠습니까? 우리가 천국에 가기 위해서는 많은 준비가 필요합니다. 감사하게도 주님은 "내가 너희를 위하여 거처를 예비하러 가노니"라고 말씀하셨습니다. 그가 이 조처를 취해 주셨습니다. 모든 요구를 채워 주셨습니다. 칼을 들고 서 있는 원수들을 처리해 주셨습니다. 하나하나 다 처리해서 길을 활짝 열어 주셨습니다. 주님은 하나님의 율법을 온전히 다 지키셨습니다. 율법의 모든 요구를 채우셨습니다. 십계명과 도덕법을 다 지키셨습니다. 모든 면에서 하나님을 기쁘시게 했고, 온전히 그를 만족시키는 삶을 사셨습니다. 그는 우리를 대표해서 이런 삶을 사셨습니다. 이렇게 첫 번째 원수를 정복하셨습니다.

그다음 원수는 죄책과 율법의 정죄입니다. 감사하게도 그리스도는 이 원수도 정복하셨습니다. 주님은 하나님께 자신을 제물로 바침으로써 우리의 모든 죄책과 실패와 심한 정죄를 친히 담당하셨습니다. 그가 자신을 희생 제물로 바치셨을 때, 하나님이 "우리 모두의 죄악을 그에게 담당시키셨"습니다^{사 53:6}. 여러분과 저의 죄책은 그에게로 넘어가서 처리되었습니다. 두 번째 원수가 정복된 것입니다.

주님은 계속해서 그다음 원수와 대면하셨습니다. 아시다시피 율법의 요구를 채우려면 죽음을 피할 수가 없습니다. 앞서 말했듯이 "죄의 삯은 사망"입니다. 율법을 지키지 못한 자는 누구든지 죽어야 한다는 것, 죽음의 청구를 받아들여야 한다는 것이 율법의 선언입니다. 죽음은 "죄의 결과물로 이들을 청구한다"라고 말합니다. 그렇기 때문에 그리스도가 죽음과 대면하셔야 하는 것입니다. 그는 청구된 값을 치르셨습니다.

그리스도가 죽어 무덤에 장사된 것을 보고 죽음은 자기가 그를 정복한 줄 알았습니다. 정말이지 죽음이 승리한 것만 같았습니다. 그러나 잠깐 기다리십시오! 셋째 날 아침, 주님은 사망의 줄을 끊고 일어나셨고 "죽음을 이기셨"습니다. 그래서 바울이 고린도 교회에 편지를 쓰면서 "사망을 삼키고 이기리라 기록된 말씀이 이루어지리라. 사망아, 너의 승리가 어디 있느냐? 사망아, 네가 쏘는 것이 어디 있느냐?"라고 말할 수 있었던 것입니다^{고전 15:54-55}. 부활하신 그를 보십시오. 그는 이렇게 "맨 나중에 멸망받을 원수"인 사망을 정복하셨습니다.^{고전 15:26}.

그런데 아직 한 가지 원수가 남아 있습니다. 마귀라는 이 사악한 천상의 존재는 너무나도 많은 사람들을 사망과 지옥으로 보내 버렸습니다. 그가 여전히 남아서 자기 권세를 주장하며 철권을 휘두르고 있습니다. 그는 "네가 이 모든 걸 믿는다 해도 나는 널 고소하겠다"라고 말합니다. 그러나 이번에도 내게는 대답할 말이 있습니다. "자녀들은 혈과 육에 속하였으매 그도 또한 같은 모양으로 혈과 육을 함께 지니심은 죽음을 통하여 죽음의 세력을 잡은 자 곧 마귀를 멸하시며 또 죽기를 무서워하므로 한평생 매여 종 노릇 하는 모든 자들을 놓아 주려 하심이니"^{히 2:14-15}. 주님은 이 땅에서도 여러 차례 마귀와 사투를 벌이셨고, 그때마다 승리를 거두셨습니다. 주님은 40일간 광야에 머무실 때 찾아온 마귀를 이기셨습니다. 겟세마네 동산으로 찾아온 마귀도 이기셨습니다. 그리고 십자가에서 지옥 전체가 벌떼같이 일어나 달려들었을 때에도 이기셨습니다. 그는 마귀를 이기고 정복하셨습니다.

이처럼 주님은 천국에 이르는 길을 가로막고 서 있던 모든 원수들과 싸워 이기셨습니다. 그가 길을 열어 주셨습니다. 이제 우리는 천국의 문과 입구에 이를 수 있습니다. 오, 그런데 이번에는 하나님의 공평과 의와 거룩하심이 앞을 가로막습니다! 그러나 이 또한 문제가 되지 않습니다. 주님이 이 장애물도 처리하셨기 때문입니다. 하나님이 "그리스도 안에 계시사 세상을 자기와 화목하게 하"셨습니다^{고후 5:19}. 그리스도의 화목 제사로 하나님의 공평과 의가 충족되었습니다. 예수께서 우리 대신 죄의 형벌을 받으셨습니다. 사람이 받아야 할 형벌을 대신 받으신 것입니다. 이로써 하나님의 의도 지키고 경건치 못한 자도 의롭다 하시는 두 가지 일이 동시에 이루어졌습니다.

가장 놀라운 말씀이 히브리서 9장에 나오고 있습니다. 히브리서 기자의 요지는 이것입니다. "너희도 알다시피 옛 언약인 땅 위의 성전은 송아지와 염소의 피로 정결케 했지만, 하늘의 장막은 그런 것으로 정결케 할 수가 없다. 하늘의 성전도 정결해져야 하는데, 그 일을 할 수 있는 것은 오직 그리스도의 피뿐이다"^{9:18-28 참조}. 천국을 오염시키지 않고 들어갈 수 있게 해주는 것은 그리스도의 피뿐입니다. 그리스도의 피가 하늘의 성전을 정결케 한다는 의미가 이것입니다. 그의 피는 하나님의 공평과 사랑을 만나게 하며, 의와 자비를 만나게 함으로써 성전을 정결케 합니다. 이리하여 천국의 정결함이 손상되지 않으면서도 문이 활짝 열리게 되었습니다.

주님은 자신의 의를 우리에게 주심으로써 이 일을 하십니다. 천국에 들어갈 때 하나님은 우리의 적나라한 모습을 보시지 않습니다. 예수 그리스도로 옷 입은 모습을 보십니다. 우리는 그리스도 안에 있습니다. 그리스도와 그의 흠 없고 온전한 삶이 우리를 가려 줍니다. 이제 우리에게 필요한 것은 전부 다 주어졌습니다. "내가 너희를 위하여 거처를 예비하러 가노니." 세상 누구도 이 일을 할 수 없었습니다. 그런데 그가 이 일을 다 해주셨습니다. 그의 이름을 송축하십시오. 장애물은 전부 제거되었습니다. 천국의 문이 우리 앞에 활짝 열렸습니다.

마지막으로, 우리를 위해 이런 일을 하신 것이 주님 자신에게는 무슨 의미가 있었을까 생각해 보기 바랍니다. "나는 간다"라고 그는 말씀하셨습니다. 어디로 가십니까? 겟세마네 동산에서 땀을 핏방울처럼 흘리러 가십니다. 어디로 가십니까? 체포당하여 재판을 받고 조롱과 희롱과 비웃음을 당하러 가십니다. 침 뱉음을 당하며 거룩한 몸에 채찍을 맞으러 가십니다. 가시면류관을 쓰러 가십니다. 사람들에게 잡혀서 그 복되신 손과 발에 잔인한 못질을 당하러 가십니다. 나무에 못 박히러 가십니다. 여러분 자신이 그런 일을 당하며 손과 발에 못질을 당하는 것을 상상할 수 있습니까? 지금 주님은 그런 일을 당하러 가시는 것입니다. 잔인한 폭도의 희롱과 침 뱉음과 조롱을 당하러 가시는 것입니다. 그들은 그가 누구신지 몰랐고, 무슨 일을 하시는지도 몰랐습니다. 세상은 그를 통해 창조되었고 만물은 그로 인해 유지되고 있습니다. 그런데 그 영원하신 하나님의 아들이 죽어서 무덤에 묻히러 가시는 것입니다. 이처럼 그가 자원하여 이 모든 일을 하러 가신 것은 오직 그것만이 우리에게 하늘의 문과 통로를 열어 주는 방법이었기 때문입니다. "내가 가는 것은 너희가 하나님과 함께 지낼 하늘의 처소와 거할 곳을 준비하기 위함이다."

사랑하는 여러분, 여러분은 주 예수 그리스도가 여러분을 위해 이 모든 일을 하셨음을 알고 있습니까? 그것을 알고 믿는 자는 이제 자신의 것이 아니요 "값으로 산 것이" 되었으므로 자신과 자신의 삶을 전부 드려야 한다는 바울의 말에 동의할 것입니다^{고전 6:20}. 그를 믿는 자는 그가 자신을 위해 거처를 예비해 놓으셨다는 것, 그가 다시 와서 자신을 영접해 주신다는 것, 그가 계신 곳에 자신도 있게 해주신다는 것을 확신할 수 있습니다.

6.

내가 다시 와서
너희를 내게로 영접하여

행 1:11

갈릴리 사람들아,
어찌하여 서서 하늘을 쳐다보느냐?
너희 가운데서 하늘로 올려지신 이 예수는 하늘로 가심을 본 그대로 오시리라.

앞서 살펴보았듯이, 아버지가 계신 곳에 이르려면 몇 가지 요구사항을 먼저 충족시켜야 합니다. 우리는 주님이 어떻게 그 요구사항을 충족시키셨는지 살펴보았습니다. 그가 어떻게 율법의 요구와 대면하시고 그 요구를 채우셨는지, 어떻게 마귀와 대면하시고 죽음 및 지옥과 대면하셨는지, 더 나아가 하나님 자신의 거룩하심이라는 문제와 마주하셨는지 살펴보았습니다. 그리고 히브리서의 놀라운 구절을 통해 그가 어떻게 하늘의 거처를 정결케 하심으로 우리가 그곳을 더럽히지 않고 들어갈 수 있게 하셨는지도 보았습니다. 그리하여 우리는 거할 곳에 예비된 복을 마음껏 누릴 수 있게 되었습니다.

이제는 그다음 단계를 살펴볼 차례입니다. "가서 너희를 위하여 거처를 예비하면 내가 다시 와서 너희를 내게로 영접하여 나 있는 곳에 너희도 있게 하리라"요 14:3. 주님의 요지는 이것입니다. "내가 다시 와서 너희를 영접하겠다. 그러니 내가 간다고 나를 잃는 것이 아니다. 오히려 영원무궁히 나와 함께 있게 되는 것이다."

사람들은 이것이 이른바 '주 예수 그리스도의 재림'에 대한 언급이라는 데 일반적으로 동의하고 있습니다. 그에 더하여 주님의 영적인 임재 등과 관련된 여러 가지 다른 의미도 찾아볼 수 있지만, 그래도 주된 의미는 재림이라고 생각합니다. 재림은 기독신앙의 중추적인 교리이자 신약성경이 가르치는 크고 중심적인 교리이며, 따라서 우리가 반드시 함께 고찰해야 할 교리입니다.

　이 주제를 다음과 같이 소개해 보겠습니다. 제가 도달하게 된 결론은 이것입니다. 어떤 사람이 그리스도인인지 아닌지, 진심으로 기독신앙을 믿고 그에 따라 사는지 아닌지 구별하는 가장 좋은 방법은 다짜고짜 주 예수 그리스도에 대한 견해를 묻는 것이 아니라 바로 이 교리를 제시하는 것입니다. "그리스도에 대해 어떻게 생각합니까?", "신약 복음서에 나타난 나사렛 예수라는 사람에 대해 어떤 견해를 가지고 있습니까?"라고 묻지 마십시오. 제가 볼 때 어떤 사람이 정말 그리스도인인지 아닌지 더 확실하고 정교하게 알아보려면 다음과 같이 유도심문을 해야 합니다. "지금 세상에서 일어나고 있는 일들에 대해 어떻게 생각합니까? 그에 대한 당신의 반응은 무엇입니까? 혹시 당신의 예상과 달라서 놀라고 있습니까? 세상의 현 상태와 앞으로의 전망이 당신의 인생철학과 일치합니까, 일치하지 않습니까? 오늘날 세상에서 일어나고 있는 일들이 당신에게 깊은 절망을 안겨 줍니까? 세상의 현 상황은 당신의 추측과 견해에 반하는 결과입니까, 아니면 역사의 전 과정과 삶을 바라보는 당신의 관점에 비추어 볼 때 자연스럽고 불가피한 결과입니까? 당신이 삶에 기대하는 바는 무엇입니까? 인간의 역사가 장차 어떻게 되리라고 예측합니까?"

이런 질문을 던지면 그 사람이 신약성경의 정의에 따른 그리스도인인지 아닌지 분명히 드러나게 되어 있습니다. 세상의 현 상황을 제시하면서 이것을 궁극적으로 어떻게 설명하겠느냐고 묻는 것이야말로 그들이 그리스도인인지 아닌지 알아보는 가장 직접적인 방법입니다.

또는 그리스도의 재림에 관한 신약성경의 비범한 가르침을 통해서도 알아볼 수 있습니다. 달리 표현해 보겠습니다. 재림이 여러분과 아무 상관 없는 교리, 동떨어진 교리로 느껴집니까? 여러분도 다른 많은 이들과 똑같은 견해를 가지고 있습니까? 사람들은 말합니다. "내가 설교자한테 듣고 싶은 건 지금 이 세상에서 살아가는 데 도움이 되는 말입니다. 그런데 당신은 장차 일어날 일, 성자 하나님이 다시 나타날 일만 이야기하는군요. 그런 신학적인 문제들에 흥미를 보일 만큼 삶이 편안하고 여유로웠던 시절에 그런 설교를 들었다면 나도 굳이 반대하지 않았을 겁니다. 하지만 요즘 같은 세상에 그런 동떨어진 얘기를 하는 것은 시간 낭비 아닙니까?" 이것이 여러분의 입장이라면, 여러분은 기독교 복음에 대한 자신의 태도를 바로 드러내고 있는 것입니다.

다음과 같이 설명해 보겠습니다. 기독교와 기독교의 가르침에 대한 여러분의 견해는 무엇입니까? 이것은 삶에 적용해야 할 가르침, 의무적으로 삶과 상황에 적용해야 할 위대한 윤리적·도덕적·사회적 가르침입니까? 이 가르침만 따르면 사회적인 조건이나 국제적인 상황을 개선시킬 수 있고, 전쟁이나 각종 분쟁을 종식시킬 수 있으며, 하나님의 나라를 끌어와 이 세상을 또 하나의 낙원으로 만들 수 있다고 믿습니까? 자, 이것이 대다수 사람들의 견해이자, 오늘날 세상의 모습에 깜짝 놀라며 슬퍼하는 세상 사람들의 견해입니다. 그들은 세상의 모습을 아주 의외로 생각합니다.

우리는 이런 주장을 믿는 다수의 사람들을 계속 만나고 있습니다. 그들은 "난 도저히 그리스도인이 될 수 없어요"라고 말합니다. 그래서 문제가 뭐냐고 물으면 이렇게 대답합니다. "내 어려움은 이겁니다. 당신은 하나님이 인류에게 기독교 메시지를 주셨다고 하는데, 글쎄요, 당신이 전하는 복음은 약 2,000년 전에 전파된 것이거든요. 그것이 사람들의 생각과 정신을 독점한 적이 있긴 하지만, 지금 세상의 모습을 한번 보세요! 예수 그리스도의 복음이 과연 세상을 바로잡을 수 있는 것이라면 바로 지금 그렇게 해야 하지 않습니까? 그래서 난 믿을 수가 없습니다." 이런 사람들이 하는 말은 다 똑같습니다. 그들은 예수 그리스도의 복음이 진정 무엇인가에 대해 완전히 잘못된 견해를 가지고 있습니다.

이제 그들의 질문에 대답함으로써 저의 메시지를 전달해 보겠습니다. 이런 부류의 사람들은 사실 아주 진지합니다. 그럼에도 그들이 던지는 질문은 복음의 가르침과 약속을 완전히 오해한 데서 비롯된 것임을 밝히고 싶습니다. 그들은 복음을 삶에 적용해야 할 가르침으로 혼동하고 있으며, 복음을 적용함으로써 삶을 개혁하고 개선할 수 있다고 착각하고 있습니다. 그렇기 때문에 '그리스도의 재림'을 궁극적으로 자신들과 아무 상관 없는 동떨어진 가르침으로 여기는 것입니다.

자, 그렇다면 복음이 진정 가르치는 바는 무엇일까요?

오늘 본문이 요약해 주고 있습니다. 주님은 지금 세상에서 계속 살아가야 할 사람들에게 말씀하고 계십니다. 그는 제자들이 역경과 시련과 환난을 겪을 것이라고 하셨습니다. 그러면서 주신 위로가 무엇입니까? 지금 그가 무슨 일을 하고 계시는지 알겠습니까? 그는 자신이 십자가에 달려 죽을 것이라고 말씀하셨습니다. 그리고 죽음과 부활에 대한 이야기에서 재림에 대한 이야기로 곧장 나아가셨습니다. 그 사이에 일어날 일에 대한 이야기는 한마디도 하시지 않았습니다. 신약성경에서 이런 경우를 본 적이 있습니까?

세분해서 생각해 봅시다. 첫째로, 우리는 복음이 세상과 세상의 역사에 대해 무슨 말을 하는지 분명하게 알아야 합니다. 복음은 세상의 삶과 인류의 역사 전체가 근본적으로 잘못되었다고 말합니다. 죄 때문에 타락하고 부패했다고 말합니다.

각자의 견해가 어떻든지 간에, 이것이 아주 기본적인 성경의 가르침이라는 점에는 모두 동의해야 할 것입니다. 성경이 처음부터 끝까지 가르치는 바는 인간과 삶과 역사에 근본적인 문제점이 있다는 것입니다. 죄야말로 진정한 문제입니다. 죄는 삶의 표면에만 영향을 끼친 것이 아니라, 근원까지 영향을 끼쳤습니다. 그 결과, 세상의 삶은 죄의 지배를 받게 되었으며 사탄의 지배를 받게 되었습니다.

오늘날 무식한 사람들만 사탄을 믿는다고 여기는 이들이 있습니다. 자, 여러분도 그렇게 생각한다면 세상과 여러분 자신을 한번 보기 바랍니다. 사탄과 그의 군대, 악한 권세, 보이지 않는 영적인 영역에서 악한 영향을 끼치고 있는 세력들에 대한 성경의 가르침 없이, 여러분 자신과 지금 세상에서 일어나고 있는 일들을 설명해 보기 바랍니다.

복음이 그다음 단계로 주장하는 바는, 죄에 빠져 사탄의 지배를 받고 있는 이 세상은 개선될 여지가 없다는 것입니다. 세상이 개선될 수 있다는 가르침을 성경에서 찾을 수 있는 분이 있으면 한번 찾아보십시오. 죄가 근본적인 문제로 자리 잡고 있기 때문에 세상은 지금도 개선될 수 없고 앞으로도 결코 개선될 수 없다고 성경은 확고하게 단언하고 있습니다. 세상이 개선될 가능성은 전혀 없습니다. 모든 의견의 토대를 성경의 가르침에 두고 있는 참된 그리스도인들이 오늘날 세상에서 일어나고 있는 일들을 보면서 놀라지 않는 이유를 이제 알 것입니다.

우리 주와 구주 되신 분은 이렇게 말씀하셨습니다. "노아의 때에 된 것과 같이 인자의 때에도 그러하리라.……또 롯의 때와 같으리니……"눅 17:26, 28. 그는 모든 시대를 알고 계시기에, **인류 그 자체**는 죄와 타락으로 인해 역사가 끝날 때까지 태초의 모습에서 조금도 달라지지 않는다는 명제를 제시하셨습니다. 그러므로 복음이 전파될

수록 각 세대는 이전 세대보다 나아질 것이고, 세상은 개혁되고 개선될 것이며, 마침내 악하고 어그러진 것들을 다 몰아내고 완벽해질 것이라는 주장보다 더 기독교 복음을 우습게 만드는 것은 없습니다.

복음은 절대 그렇게 가르치지 않습니다. 오히려 정반대의 주장을 합니다. 서슴없이 말하건대, 성경의 역사관은 심히 비관적입니다. 그렇기 때문에 지금 당연히 인기가 없는 것이며, 지난 100년간도 인기가 없었던 것입니다. 반면에, 진화론의 이론과 가정은 아주 낙관적입니다. 그들은 세상이 점점 더 나아진다고, 인류는 진화하고 진보한다고 말합니다. 철학자들은 가능하면 늘 낙관적이 되고 싶어 합니다. 그래서 이런 개선의 그림을 그리는 것입니다. 그런 철학자들을 좋아하는 사람이라면 당연히 성경을 싫어할 것입니다. 성경의 사실주의는 이런 낙관적인 사상과 극명한 대조를 이루기 때문입니다.

다름 아닌 그리스도 자신이 "난리와 난리 소문"이 있을 것이라고 말씀하셨습니다[마 24:6]. 인간의 마음에 욕심과 정욕과 탐욕과 질투와 시기가 있는 한 전쟁은 계속된다는 것이 그의 가르침이었습니다. 아시다시피 성경은 인간이 개인적인 차원이나 국제적인 차원 중에 어느 한쪽은 건질 수 있다고 생각할 정도로 어리석지 않습니다. 개인이 싸우고 다투면, 나라도 싸우고 다투게 되어 있습니다. '인간은 교육과 국제적인 회합을 통해 지혜로워질 수 있다'는 치명적인 신념을 고수하면서도 그런 짓을 하는 것입니다.

사람의 마음속에 있는 것은 결국 다 드러나게 되어 있습니다. 우리는 모든 이의 마음속에 싸우려는 성향이 있음을 압니다. 그 원인은 죄에 있으며, 인류를 자멸로 몰고 가는 악한 세력에 있습니다. 세상의 현 상태는 우리를 지배하고 있는 죄의 상태를 그대로 반영하는 것입니다. 이것이 성경의 메시지입니다. 더 나아가 성경은 이 모든 일로 인해 세상이 심판을 받는다고 말하며, 인간의 전 역사는 하나님이 죄와 악과 잘못에 심판을 선언하시는—하나님은 하나님이시기 때문에, 그 하나님 되심 때문에 심판을 선언하십니다—최후의 장엄한 절정을 향해 나아가고 있다고 말합니다. 결국 마지막에 심판이 이루어진다는 것입니다.

이것이 첫 번째 원리입니다. 두 번째로, 성경은 세상과 인간의 역사만 이야기하는 것이 아니라 그 역사를 구속하시려는 하나님의 목적—하나님의 역사라고 해도 좋습니다—도 이야기해 줍니다. 세상이 이 지경이 된 것은 인간이 불순종하고 죄를 지었기 때문입니다. 그러나 감사하게도 하나님은 우리를 그 상태로 내버려 두시지 않았습니다. 이미 살펴보았듯이 성경에는 세상의 상태에 대한 묘사가 나옵니다. 그러나 그것만 나오는 것은 아닙니다. 성경은 이런 세상에 대해 하나님이 하신 일에 전적인 초점을 맞추고 있습니다.

하나님의 목적이 무엇입니까? 이번에도 소극적인 측면부터 살펴봅시다. 그의 계획과 목적은 세상을 개혁하는 것이 아니라 세상에서 사람들을 구해 내는 것입니다. 하나님의 목적은 각 사람을 붙잡아 이 세상 나라와 다른 나라, 하나님의 나라, 사랑하는 아들의 나라로 옮기시는 것입니다. 하나님이 그 은혜로운 목적을 이루기 위해 세상에 보내신 독생자가 바로 우리가 살펴보는 이 말씀을 하시는 분입니다. 그는 이 땅에 계실 때 여러 가지 방법으로 "세상은 지금 망해 가고 있지만, 내게 나아와 내 나라 백성이 되면 하나님의 진노에서 건짐을 받고 구원을 받을 것이다"라고 말씀하셨습니다. 바울이 갈라디아 사람들에게 말했듯이, 그는 "이 악한 세대에서 우리를 건지"기 위해 오신 분이며[갈 1:4], 사탄의 지배에서 우리를 구하기 위해 오신 분입니다.

이 내용은 앞에서도 잠깐 다룬 바 있습니다. 복음이 우리 속에 들어오면 삶의 본질을 보게 되며, 정말 중요한 것은 영혼이라는 사실과 3차 대전 발발 가능성을 가장 큰 관심사로 삼아서는 안 된다는 사실을 깨닫게 됩니다.

저는 지금 평화를 확보하기 위한 국제적인 노력이나 정치를 매도하는 것이 아닙니다. 제 목적은 거기 있지 않습니다. 제가 강력히 주장하는 바는, 핵폭탄을 맞아 육신이 죽는 일보다 영혼이 더 중요하며 하나님과 맺는 관계가 무한히 더 중요하다는 사실을 모르는 사람은 그리스도인이 아니라는 것입니다. 자신의 영혼과 영원한 운명 및 하나님과 맺는 관계의 중요성을 알아야 합니다. 복음이 들어간 사람은 자신이 유한한 세상을 지나가고 있는 나그네임을 깨닫습니다. 그런 사람은 세상에서 일어나는 일들이나 흘러가는 세월에 전전긍긍하지 않으며, 자신이 영원한 세계를 찾아가는 순례자임을 인식합니다. 이것은 굉장한 일이며 가슴 떨리는 일입니다.

이처럼 예수 그리스도의 복음이 하는 일은 개인이나 온 세상을 개혁하는 것이 아닙니다. 우리 한 사람 한 사람을 붙잡아 세상에서 끌어내는 것이며, 새로운 출생과 새로운 삶, 새로운 출발을 가능케 하는 것입니다. 복음은 우리를 하나님의 자녀로 만들어 줍니다. 새로운 시각과 새로운 능력을 주며, 영원한 세계에서 하나님과 함께 사는 복된 소망을 줍니다.

다시금 강조하건대, 이것이 기독교 메시지입니다. 복음은 단순히 산상설교를 이야기하며 세상을 더 나은 곳으로 만들기 위해 어떻게 그것을 사회적으로 적용해야 하는지 설명하지 않습니다. 사람들은 오랫동안 이 같은 복음을 설파하면서 그것을 실천에 옮기고자 애써 왔습니다. 그런데 그 결과가 어떤지 한번 보십시오! 중생하지 않은 사람들에게 산상설교의 삶을 살라고 요구하는 것은 그들을 조롱하는 것입니다. 그들은 그런 삶을 살 수가 없습니다. 십계명도 지킬 수가 없습니다. 아니, 자기가 정해 놓은 도덕적 기준조차 지킬 수가 없습니다. 그런데도 "복음의 사회적 적용"과 하나님 나라의 도래에 대해 번지르르한 말을 늘어놓는 것입니다.

오, 이것은 비극입니다! 그렇습니다. 우리는 거듭나야 하며 중생해야 합니다. 복음은 그래야만 한다고 말합니다. 이 새로운 백성, 하나님 나라의 시민들이 사탄에게 속한 백성들과 나란히 이 유한한 세상에서 살아가고 있습니다. 그리스도는 바리새인들에게 말씀하셨습니다. "너희는 너희 아비 마귀에게서 났으니 너희 아비의 욕심대로 너희도 행하고자 하느니라"^{요 8:44}. 흑암의 나라와 빛의 나라가 공존하고 있습니다. 두 나라가 이 세상에 나란히 공존하고 있습니다. 이것이 복음 메시지의 또 한 가지 측면입니다.

그다음 원리는 이것입니다. 결국 이 두 역사, 두 나라는 서로 만나게 될 것이며, 그때 종말이 찾아올 것입니다. 이것이 재림 교리의 핵심입니다. 하나님의 아들이 베들레헴의 아기로 오신 것이 확실하고 제자들이 그와 함께 살다가 승천하시는 모습까지 본 것이 확실하듯이, 그가 다시 눈에 보이는 육신의 모습으로 세상에 오시는 일 또한 확실하다고 신약의 복음은 말하고 있으며 모든 서신서들도 다 같은 말을 하고 있습니다. 베드로가 상기시키는 것처럼 주님이 친히 이렇게 말씀하셨고^{벧후 3:13} 최초의 사도들도 모두 이렇게 말했습니다. 그러나 사람들은 믿지 않았습니다. 세상은 이런 메시지를 절대 믿지 않습니다. 그럼에도 기독교의 설교에는 이 선포가 포함되어 있습니다.

재림의 구체적인 내용에 대한 여러 구체적인 의견이나 이론이나 사상은 지금 다루지 않겠습니다. 제가 볼 때 그것은 그리 중요치 않습니다. 정말 중요한 것은 그가 다시 와서 심판하신다는 이 중대한 핵심 진술을 이해하는 것입니다. 이제껏 세상에 살았던 모든 인간과 온 세상은 심판을 받을 것입니다. 최후의 재판을 받을 것입니다. 사탄과 그의 나라에 속한 모든 것, 악한 모든 것은 멸망당할 것입니다. 멸망의 불못에 떨어질 것입니다. 그리고 베드로의 표현대로 "의가 있는 곳인 새 하늘과 새 땅"이 펼쳐질 것입니다[벧후 3:13]. 죄 많고 더러운 것들은 전부 우주에서 씻겨 나갈 것이며, 완전히 의로운 새 세상이 이루어질 것입니다.

여러분이 확신해도 되는 일이 또 있습니다. 주 예수 그리스도께 속한 모든 사람, 영혼의 절대적인 중요성을 깨달은 사람, 율법의 정죄 아래 있는 자신의 무서운 처지를 본 사람, 세상의 조롱과 냉소를 감수하며 그에게 자신을 맡긴 사람, 그를 위해 다른 모든 것은 해로 여기는 사람, 자기를 부인하며 날마다 자기 십자가를 지고 그를 따르는 사람, "주님과 나의 관계만 괜찮으면 세상에서 무슨 일이 일어나든 상관없다"라고 말하는 사람은 새 하늘과 새 땅에서 그와 함께 살게 될 것이며, 영원토록 그의 영광을 나누며 함께 누릴 것입니다.

"재림이 언제 일어나겠습니까?"라고 묻는 이가 있습니다. 그 질문의 답은 모른다는 것입니다. 그 시기는 아무도 모릅니다. 우리는 때와 기한에 관심을 가질 것이 아니라 재림 사건 자체에 무한한 관심을 가져야 합니다. 베드로는 초대교회 그리스도인들에게 "너희가 그리스도인이라면 이런 일을 바라보고 간절히 사모할 것"이라고 말했습니다[벧후 3:12 참조]. 그리스도인은 재림이 중요한 사건임을 알고 고대합니다. 그 일을 기대합니다. 그 일을 준비합니다. 재림을 바라보며 자신이 과연 어떤 사람이 되어야 하는지 생각합니다.

그런데 사람들은 때와 기한을 알아맞히는 일에 더 많은 관심을 기울입니다. 어떤 이들은 재림이 가까웠다고 말하기도 합니다. 베드로가 상기시키듯이 "주께서 강림하신다는 약속이 어디 있느냐?"^{벤후} ^{3:4} 하면서 재림에 대한 생각을 비웃는 사람들은 어느 시대에나 있었습니다. 오늘날 사람들은 복음이 전파된 지 거의 2,000년이 다 되었는데도 아직 안 오셨느냐고 말합니다. 그렇습니다. 홍수가 나기 전에도 사람들은 이렇게 말했습니다! 이것은 사람들은 늘 하는 짓입니다. 성자 하나님이 처음 오셨을 때에도 세상은 알아보지 못했습니다. "주께는 하루가 천 년 같고 천 년이 하루 같다는" 것을 기억하십시오^{벤후 3:8}. 다시 요청하건대, 현실을 직시하십시오. 세상의 상황을 똑바로 보면서, 제가 제시한 설명 외에 다른 방법으로 설명할 길이 있는지 알아보십시오. 하나님을 향한 인간의 악의와 적의, 어리석음 때문에 오히려 성경과 성경의 예언이 성취되었음을 모르겠습니까? 무엇보다 제가 요청하는 바는, 바로 여러분 자신이 이 모든 일에 연루되었음을 깨달으라는 것입니다.

마지막으로, 이 모든 일에 비추어 볼 때 그리스도인에게 주어진 약속은 무엇일까요? 제가 알려 드리겠습니다. 이것이야말로 우리가 가장 시급하게 알아야 할 것입니다. 저는 비관적인 사람이 되고 싶지도 않고, 앞으로 세상에 무슨 일이 생길지 정확하게 알지도 못합니다. 그러나 무슨 일이 생기든 간에 우리 각 사람이 죽어서 이 세상을 떠나야 한다는 사실은 분명히 압니다. 그러니 무슨 말을 해야 하겠습니까? 자, 주 예수 그리스도를 믿는 그리스도인에게 죽음이란 곧 그와 함께 있게 되는 것을 의미합니다. 이것이 그가 주신 약속입니다.

그는 곁에서 십자가에 달려 죽어 가는 강도에게 "오늘 네가 나와 함께 낙원에 있으리라"라고 말씀하셨습니다^{눅 23:43}.

주님이 "내가 다시 와서 너희를 내게로 영접하여"라고 말씀하신 의도 중에 한 가지가 바로 이것이라고 말하는 사람들이 있습니다. 죽음 앞에서도 외롭지 않고 무섭지 않게 해주신다는 뜻이 담겨 있다는 것입니다. 완전한 미지의 세계로 가는 것이 아니라 주님이 계신 곳으로 간다는 뜻이 담겨 있다는 것입니다. 이런 생각이 성경에서 직접 나온 것인지는 잘 모르겠습니다. 그러나 예수는 불쌍한 거지 나사로가 죽었을 때 "천사들에게 받들려 아브라함의 품에 들어"갔다고 말씀하셨습니다^{눅 16:22}. 믿는 자의 죽음은 이런 것입니다. 무서운 것이 아닙니다. 죽음의 자리로 하나님의 천사가 찾아와 여러분을 영접해서 주님께 데려갈 것입니다. 사도 바울의 말을 인용하자면, 그리스도인은 "죽는 것도 유익"합니다. "그리스도와 함께 있는 것이 훨씬 더 좋은 일"이기 때문입니다^{빌 1:21, 23}.

성경은 이에 대해 자세한 이야기를 하지 않습니다. 설사 자세한 이야기를 한다 해도 우리가 감당하지 못할 것입니다. 이것은 너무나 엄청난 경험이며, 생각하기도 힘들 만큼 영광스러운 경험입니다. 저는 그가 다시 오실 때 총체적인 부활이 일어날 것을 확신합니다. 모든 사람이 다시 살아날 것입니다. 예수를 따르는 자들이 "순식간에 홀연히 다 변화"될 것입니다^{고전 15:51}. 거대한 부활이 일어날 것입니다. 주님은 새 하늘과 새 땅이라는 새로운 질서에 들어갈 수 있도록 우리에게 변화된 몸을 주겠다고 말씀하십니다. 우리의 낮은 몸은 변화될 것입니다. 그 몸은 쇠약함과 허약함에 무너지는 몸이 아니기에 질병도 생기지 않을 것입니다. 우리는 그의 "영광의 몸의 형체와 같이" 될 것입니다[빌 3:21]. 주님처럼 될 것입니다. 우리 눈으로 직접 주님을 뵐 것입니다. 주님처럼 영광스럽게 변화될 것이며, 그와 함께 영원무궁히 기쁨과 복을 누릴 것입니다.

이것이 그가 믿는 자들에게 주시는 위로입니다. "너희는 마음에 근심하지 말라." 죽음으로 모든 것을 잃는다고 생각지 마십시오. 예수께서 "내가 너희를 위하여 거처를 예비하러 가노니 내가 너희를 위하여 거처를 예비하면 내가 다시 와서 너희를 내게로 영접하여 나 있는 곳에 너희도 있게 하리라"라고 말씀하십니다. 저처럼 비참한 죄인도 장차 아들의 복되신 얼굴을 뵐 것과 그분처럼 변화될 것과 그분의 거룩하고 영광스럽고 사랑스러운 임재 가운데 영원히 거하게 될 것을 믿고 있습니다. 주 예수 그리스도를 하나님의 아들로 믿는 사람은 다 이렇게 믿어도 됩니다. 그가 여러분의 죄를 위해 죽으신 것과 여러분을 의롭다 하시기 위해 다시 살아나신 것을 믿는다면, 그에게 자신을 드리고 그를 위해 살고 있다면, 여러분도 장차 이런 경험을 하게 될 것입니다.

"사랑하는 자들아, 우리가 지금은 하나님의 자녀라. 장래에 어떻게 될지는 아직 나타나지 아니하였으나 그가 나타나시면 우리가 그와 같을 줄을 아는 것은 그의 참모습 그대로 볼 것이기 때문이니"

^{요일 3:2}. 어둡고 혼란스러우며 불확실한 현대세계 한복판에서 안식을 얻고 마음의 평안과 평화를 얻고자 하는 사람은 세상을 개혁하겠다는 사상에 의지해서는 안 됩니다. 그런 시도는 다 헛수고였음이 우리 눈앞에서 입증되고 있습니다. 이 유한한 세상에서 일어나는 일은 **그 어떤 것도** 우리 주 그리스도 예수 안에 있는 하나님의 사랑과 그와 함께 영원토록 함께 지내는 영광에서 여러분을 끊어 낼 수 없다는 확신이 있을 때에만 여러분은 평화를 얻을 수 있습니다.

여러분은 이것을 알고 있습니까? 이것을 믿고 있습니까? 그 복된 확신이 생길 때까지 쉬지 말고 구하십시오.

3

다른 길은
없다

요 14:6-7, 12

예수께서 이르시되
내가 곧 길이요 진리요 생명이니
나로 말미암지 않고는 아버지께로 올 자가 없느니라.
너희가 나를 알았더라면 내 아버지도 알았으리로다.
이제부터는 너희가 그를 알았고 또 보았느니라……
내가 진실로 진실로 너희에게 이르노니
나를 믿는 자는 내가 하는 일을 그도 할 것이요 또한 그보다 큰 일도 하리니
이는 내가 아버지께로 감이라.

7.

내가
곧 길이요 진리요 생명이니

갈 4 : 6

너희가 아들이므로
하나님이 그 아들의 영을 우리 마음 가운데 보내사
아빠 아버지라 부르게 하셨느니라.

"내가 곧 길이요 진리요 생명이니 나로 말미암지 않고는 아버지께로 올 자가 없느니라"^{요 14:6}. 이 또한 기독교 복음의 핵심 진리를 요약해 주는 말씀입니다. 물론 여러 모로 볼 때, 이것은 주님이 이미 제자들에게 말씀하신 내용을 다시 요약하신 것에 지나지 않습니다. 주님은 사도 도마의 질문을 받고 모든 내용을 다시 반복해서 요약해 주셨습니다.

이 이야기의 배경을 한 번 더 상기시키겠습니다. 이 중대한 말씀을 참으로 이해하고 파악하려면 그 배경을 염두에 두어야 합니다. 주님은 곧 십자가에서 죽임을 당하실 것입니다. 그가 떠나신다는 말씀을 들은 제자들은 당연히 맥이 빠지면서 비참한 심정이 되었습니다. 그것을 알아차리신 주님은 "너희는 마음에 근심하지 말라. 하나님을 믿으니 또 나를 믿으라"라는 놀라운 위로의 말씀을 주셨습니다. 그리고 자신의 죽음과 부활과 승천 및 그 후에 뒤따를 일들을 통해 이루실 큰 목적을 대강 이야기해 주셨습니다. "근심하지 마라. 심란해하거나 비참해하지 마라. 내가 떠나면 모든 것이 다 끝날 것처럼 생각지 마라. 그렇지 않다. 절대 그렇지 않다. 어떻게 보면 이것은 시작에 불과하다. 나는 지금 너희를 위해 거처를 예비하러 가는 것이다.

이것이 내가 떠나는 이유, 자원해서 떠나는 이유이다."

다시 말해서 주님은 기독교 복음의 중대한 약속을 그들에게 제시하셨습니다. 구원의 전체적인 계획과 설계 및 방법을 제시하셨습니다. 그는 말씀하셨습니다. "그렇다. 나는 떠날 것이고, 너희는 육안으로 나를 보지 못하게 될 것이다. 그러나 나는 지금 아버지께로 가는 것이며, 너희가 아버지와 함께 지낼 거처를 예비하러 가는 것이다. 거기에서 너희가 거할 곳을 예비한 후에, 때가 되면 다시 와서 너희뿐 아니라 나를 믿는 모든 이를 영접하여 나 있는 곳으로 데려갈 것이다."

우리는 이 모든 내용을 자세히 고찰했습니다. 십자가의 죽음과 부활과 승천의 전적인 목적을 함께 살펴보았으며, 더 나아가 하늘에서 우리를 위해 이루신 일도 살펴보았습니다. 또한 우리는 그가 다시 오신다는 강력한 말씀도 살펴보았습니다. 그리스도의 재림과 역사의 종말, 시대의 완성, 최후의 심판, 죄와 악에 속한 모든 것의 멸망, 영광스러운 하나님 나라의 도래, 그리스도의 통치와 성도의 영광에 대해 살펴보았습니다.

주님은 제자들에게 이런 말씀을 하신 후에 "내가 어디로 가는지 그 길을 너희가 아느니라"라는 말로 모든 내용을 마무리하셨습니다. "너희는 3년 가까이 나와 함께 지내면서 내 가르침을 익히 들었다. 그러니 이제 내가 가는 곳이 어디이며, 거기 가는 길이 무엇인지도 알 것이다. 그 길만 계속 따라가면 나와 함께 영광 가운데 거하게 된다는 사실도 알 것이다." 이 말씀의 요지는 이것입니다. "그러니 너희는 나만 따라오면 된다. 나의 계획도 다 알려 주었고 목적도 대강 이야기해 주었다. 내가 너희의 영광스럽고 놀라운 장래를 예비하기 위해 간다는 것도 알려 주었다. 그러니 이제 내가 어디로 가는지, 거기 가는 길이 무엇인지 분명히 알 것이다."

그때 믿음이 얼마 없던 도마가 불쑥 입을 열었습니다. 도마는 여전히 물질주의적이고 유대적인 관점으로 하나님 나라를 바라보았던 것 같습니다. 그는 주님의 말씀을 이해하지 못했습니다. 도마는 생각했습니다. '주님은 대체 무슨 말씀을 하시는 거지? 잠시 잠적했다가 급히 돌아와 나라를 세우시겠다는 말씀인가? 잠시 후에 다시 돌아와 로마의 구속과 압제에서 우리를 풀어 주고 군사적·정치적 의미에서 해방시켜 주신다는 말씀인가? 그런 뜻인가?'

그래서 도마는 말했습니다. "이해가 안 되네요. 주님은 '내가 어디로 가는지 그 길을 너희가 아느니라'라고 하시는데, 죄송하지만 전 모르겠습니다. 주님, 주님이 어디로 가시는지도 모르는데 어떻게 거기 가는 길까지 알겠습니까? 저는 도통 모르겠습니다. 거할 곳을 예비하러 가신다느니, 다시 오신다느니 하는 말씀이 다 무슨 뜻인지 모르겠어요."

도마는 이 말씀에 걸려 넘어졌습니다. 아마 편견으로 눈이 멀었던 것 같습니다. 그래서 이중(二重)의 항의를 했습니다. 우리는 이렇게 자기 생각을 솔직하고 분명하게 밝힌 도마의 거짓 없는 정직함에

내가
곧 길이요 진리요 생명이니

크게 감사해야 합니다. 복음서에 나오는 도마의 다른 모습들도 우리에게 유익하기는 마찬가지입니다. 그의 모습에는 한 가지 패턴이 있습니다. 그는 둔감하다기보다는 솔직한 사람이었습니다. 어쨌든 저는 도마가 아주 사랑스럽습니다. 일반적으로 볼 때, 그는 머리보다 가슴으로 더 빨리 반응하는 사람이었던 것 같습니다. 주님이 죽을병에 걸린 나사로의 집에 가자고 하셨을 때 도마가 그것을 큰 실수로 여겼던 일을 여러분도 기억할 것입니다. 그는 "우리도 주와 함께 죽으러 가자"라고 했습니다.[요 11:16] 그는 이런 사람이었습니다.

부활 후에도 그는 상황을 바로 파악하지 못했습니다. 이처럼 주님이 미리 준비를 시키셨음에도 십자가의 죽음은 그에게 큰 충격이 되었습니다. 그는 분명히 집으로 돌아갔을 것입니다. 그래서 주님이 다락방에서 제자들에게 나타나셨을 때 그 자리에 없었습니다. 그런데 선뜻 이해되지는 않지만 무언가 속에서 꿈틀거리는 것이 있었습니다. 다시 동료들에게 돌아가야 할 것만 같은 생각이 들었습니다. 그래서 돌아왔습니다. 그러나 "주님을 뵈었다"라는 동료들의 말에는 "내 손가락을 직접 못 자국에 넣어 보고 내 손을 직접 옆구리에 넣어 보지 않는 한 믿을 수 없어. 내 눈으로 보기 전엔 못 믿어"라고 했습니다. 그리고 여러분이 아시다시피 주님이 다시 나타나 그에게 말씀하셨습니다. "……네 손을 내밀어 내 옆구리에 넣어 보라. 그리하여 믿음 없는 자가 되지 말고 믿는 자가 되라." 도마는 그 앞에 엎드리며 "나의 주님이시요 나의 하나님이시니이다"라고 고백했습니

다.^{요 20:25-28}

도마의 정직함으로 인해 하나님께 감사를 드립시다. 그가 정직하게 이런 질문을 던졌기 때문에 지금 우리가 살펴보는 이 중대한 말씀이 나온 것입니다. 도마는 이중의 어려움을 겪고 있었고, 주님도 이중의 대답을 하심으로써 그의 어려움을 해결해 주셨습니다. 도마는 물었습니다. "주여, 주께서 어디로 가시는지 우리가 알지 못하거늘 그 길을 어찌 알겠사옵나이까?"

그리스도는 대답하셨습니다. "내가 곧 길이요 진리요 생명이니 나로 말미암지 않고는 아버지께로—여기가 목적지입니다—올 자가 없느니라."

이것은 도마를 비롯한 처음 제자들과 관련해서만 흥미로운 질문이 아닙니다. 오늘날 우리와도 관련된 질문이자 가장 절실한 질문입니다. 우리는 지금 중대한 말씀 앞에 서 있습니다. 그리스도는 후대에 사는 우리에게도 여전히 같은 말씀을 주고 계십니다. 근심과 불행에 사로잡힌 현대인들에게 여전히 "너희는 마음에 근심하지 말라"라고 말씀하십니다. 이것은 복음의 위대한 선포입니다. 이 메시지만 믿으면 근심할 필요가 없습니다.

그런데 우리 중에도 도마 같은 이들이 많이 있습니다. 그래서 "이게 다 무슨 말이지? 도무지 이해가 안 되는군. 대체 무슨 말을 하는 거야?"라고 말합니다. 자, 복음은 단도직입적으로 우리에게 다가옵니다. 복음서 기자들도 도마처럼 정직하다는 사실에 감사하기 바랍니다. 그들은 서슴없이 인간의 어려움을 기록했습니다. 요한도 도마가 어떤 어려움을 겪었고 어떤 의심을 표출했는지 서슴없이 보고합니다. 주님은 그런 도마와 우리를 위해 앞서 하신 말씀을 더 상세히 설명해 주셨으며, 가장 본질적이고 긴요한 요점 두 가지로 압축해서 정리해 주셨습니다. 이제부터 여기에 관심을 집중해 봅시다.

첫째로, 우리가 분명히 알아야 할 것은 목적지입니다. 우리의 목표가 무엇입니까? 궁극적인 의미에서 인류에게 정말 필요한 것이 무엇입니까? 주님의 대답은 이것입니다. 우리의 목적지는 다름 아닌 하나님이요, 그를 아버지로 아는 지식입니다. 이것이 우리에게 필요한 것이요, 우리의 지향점이며, 정해진 목적지입니다. 도마는 "주께서 어디로 가시는지 우리가 알지" 못한다고 했습니다. 그러자 주님이 대답하셨습니다. "자, 나는 이제 아버지께로 간다. 나로 말미암지 않고는 누구도 아버지께로 갈 수 없다. 그곳이 정해진 목적지요, 이제 내가 가는 곳이다. 나는 아버지께로 간다. 너희도 나를 따라 아버지께로 가야 한다. 이 일에 궁극적인 관심을 가져야 한다." 그러고 나서 주님은 훨씬 더 명료하게 말씀하셨습니다. "너희가 나를 알았더라면 내 아버지도 알았으리로다. 이제부터는 너희가 그를 알았고 또 보았느니라"요 14:7.

한 걸음 더 나아가 지적하고 싶은 점은, 여기에서 빌립이라는 또 다른 사도가 질문을 던짐으로써 같은 내용을 크게 강조하며 부각시키는 역할을 하고 있다는 것입니다. 주님이 이 말씀을 하시자 빌립이 말했습니다. "주여, 아버지를 우리에게 보여주옵소서. 그리하면 족하겠나이다"[8절]. 주님은 말씀하셨습니다. "빌립아, 내가 이렇게 오래 너희와 함께 있으되 네가 나를 알지 못하느냐? 나를 본 자는 아버지를 보았거늘 어찌하여 아버지를 보이라 하느냐?"[9절]

우리가 이해하고 파악해야 할 첫 번째 요점이 이것입니다. 어려움과 시련과 고통과 모순으로 가득 찬 세상에 살고 있는 우리는 도마나 빌립과 같은 심정을 느끼고 있습니다. 우리가 대체 어디로 가고 있는지, 우리에게 정말 필요한 것이 무엇인지 알고 싶습니다. 그런데 그 대답이 여기 나오고 있습니다. 우리에게 궁극적으로 필요한 것, 우리가 궁극적으로 갈망하는 것은 하나님을 아는 지식, 특히 아버지로서 하나님을 아는 지식입니다. 저는 빌립이 우리 모두를 대신하여 이 점을 아주 잘 표현해 주었다고 생각합니다. "아버지를 우리에게 보여주옵소서. 그리하면 족하겠나이다."

이 말을 좀 더 자세히 설명해 보겠습니다. 사람에게 가장 필요한 것은 하나님을 아는 것이며 하나님께 이르는 것입니다. 이 점을 분명히 알지 못하면, 마음의 평안과 평화와 안식을 얻기 위해 필요한 것이 무엇인지도 분명히 알 수가 없습니다.

하나님을 안다는 것은 단순히 하나님에 관한 몇 가지 사실들을 믿는다는 뜻이 아니며, 하나님의 존재와 실존을 믿는다는 뜻도 아닙니다. 단순히 그를 만물의 창조자이자 조물주로, 만물을 유지하는 분으로 믿는다는 뜻도 아닙니다.

성경, 특별히 신약성경은 하나님을 실제로 알아야 한다고 말합니다. 하나님을 아버지로서 알아야 한다는 것입니다. 그리스도는 말씀하십니다. "나로 말미암지 않고는 아버지께로 올 자가 없느니라." 나는 하나님을 알 수 있습니다. 저 멀리 계신 분, 겁나는 분, 나를 대적하는 독재적인 분으로서가 아니라 내가 의지하고 신뢰할 만한 아버지로서 알 수 있습니다. 사도 바울은 말합니다. "양자의 영을 받았으므로 우리가 아빠 아버지라고 부르짖느니라"롬 8:15. 다시 말해서 하나님을 안다는 것은 그가 영원한 사랑으로 우리를 사랑하시며 머리털까지 다 세실 정도로 우리를 염려하신다는 사실, 하나님이나 하나님의 뜻과 상관없이 일어나는 일은 하나도 없다는 사실을 깨닫는 것입니다.

주님이 말씀하시는 바, 하나님을 안다는 것은 하나님과 사귐이 있다는 뜻입니다. 사도 요한은 그리스도인들에게 보내는 첫 번째 서신(노인이 되어 쓴 서신)에서 무엇보다 이 유한한 세상에서 충만한 기쁨을 누리게 하기 위해 이 서신을 쓴다고 말했습니다요일 1:4. 그 당시 요한은 주님이 예전에 처하셨던 상황과 비슷한 상황에 처해 있었습니다. 주님은 곧 제자들을 떠나셔야 했고, 그래서 떠나기 전에 그들을 위로하고자 하셨습니다. 그런데 그 위로를 들은 당사자였던 요한이 노년에 다른 그리스도인들을 향해 "이제 내가 떠나기 전에 세상에 계속 남아 살아가야 할 너희에게 기쁨과 행복의 길을 알려 주고 싶다"라고 말하면서 편지를 쓴 것입니다. "너희로 우리와 사귐이 있게 하려 함이니 우리의 사귐은 아버지와 그의 아들 예수 그리스도와 더불어 누림이라"^{요일 1:3}.

신약의 복음이 우리에게 제시하는 중심 내용이 바로 이것입니다. 이 점을 잘 설명하기 위해 몇 가지 질문을 드리겠습니다. 여러분은 하나님과 정확히 어떤 관계를 맺고 있습니까? 여러분은 하나님을 안다고 말할 수 있습니까? 여러분에게 하나님은 실제적인 분입니까? 인격적인 분입니까? 기도할 때 하나님이 들으시는 것이 느껴집니까? 자식으로서 하나님께 애정을 품고 있습니까? 여러분이 하나님과 계속 만나고 있으며 교통하고 있다고 확신합니까? 어떤 문제든 확신 있게 가지고 나아가 기도합니까? 하나님께 나아가는 일이 자유롭고 쉽고 편하게 느껴집니까? 하나님께 참으로 개인적인 이야기를 털어놓는다는 생각이 듭니까?

그렇다면 제가 말씀드리는 의미에서 하나님과 사귐이 있는 것입니다. 주님이 떠나시기 전 제자들에게 말씀하신 내용이 바로 이것입니다. 세상에 있는 동안에도 아버지께 나아갈 수 있다는 것입니다. 아버지를 아는 확실한 지식과 친밀함이 있기 때문에 세상에서 무슨 일이 일어나든 항상 그와 만나고 교통하며 사귈 수 있다는 것입니다.

다시 말해서 우리는 성경의 표현대로 "주는 나를 돕는 이시니 내가 무서워하지 아니하겠노라"라고 말할 수 있어야 합니다^{히 13:6}. 이렇게 말하는 사람은 병에 걸리든 사고를 당하든 전쟁을 겪든 시련을 만나든 핍박을 받든 상관없이, 심지어 죽음 앞에서도 그 즉시 아버지께 아뢸 수 있습니다. 그는 자신이 아버지의 손안에 있다는 것을 압니다. 무슨 일이 생기든 "하나님을 사랑하는 자 곧 그의 뜻대로 부르심을 입은 자들에게는 모든 것이 합력하여 선을" 이룬다는 것을 압니다롬 8:28. 여러분, 아버지께로 나아가야 합니다. 그를 참으로 알아야 합니다. 그래야 어떤 의미에서 눈에 보이는 어떤 것보다 하나님이 더 실제적인 존재로 다가옵니다. 근심하지 않고 마음의 평안을 얻기 위해서는 반드시 이 지식이 필요합니다.

또한 우리는 인생 여정이 끝나고 영원한 세계에 들어갈 때에도 하나님이 함께하심을 알아야 합니다. 살아 있는 모든 그리스도인의 최고선(最高善)은 하나님을 뵙는 것입니다. "마음이 청결한 자는 복이 있나니 그들이 하나님을 볼 것임이요"마 5:8. 그 내용은 앞에서 이미 살펴보았습니다. 세상에서 가장 중요한 사실은 '우리가 하나님 앞에 서게 될 날, 그를 알고 그와 교통하며 영원토록 영광을 함께할 날이 오고 있다'는 것임을 다시 한 번 강조해야겠습니다. "잘하였도다, 착하고 충성된 종아.……네 주인의 즐거움에 참여할지어다"마 25:23. 이것이 우리의 정해진 목적지이며 중대한 목표점입니다.

이처럼 예수께서 어디로 가시는지 모르겠다는 도마의 항변에 대한 대답은 그가 아버지께로 가신다는 것이었습니다. 지금도 여전히 의심하고 있는 도마 같은 이들에게 주시는 대답도 이것입니다. 기독교 메시지는 국제관계나 세계평화에 대한 것이 아닙니다. 복음의 중심 주제는 하나님을 알고 영원토록 그를 즐거워하는 것입니다.

물론 이것이 세상에 무심하다는 뜻은 아니라는 점을 다시금 강조해야겠습니다. 그리스도인들은 세상이 어떻게 되든 개의치 말라는 뜻이 아닙니다. 제가 진정으로 하고 싶은 말은, 오로지 세상과 세상의 삶에만 관심이 매인 사람은 기독교적인 시각을 가진 사람이 아니라는 것입니다.

그리스도인은 궁극적이고 영원한 것에서 출발하여 현재로 돌아옵니다. 현재를 직면하기 전에 궁극적인 것부터 준비하지 않는 사람은 바보들의 낙원에 살고 있는 것입니다. 올해나 다음 해나 그다음 해에 무슨 일이 일어나든 하나님이 자기 아버지이심을 아는 사람은 전혀 두려워할 필요가 없습니다. 그는 어떤 경우에도 안전합니다. 하나님의 자녀들은 그 운명이 보장되어 있습니다.

이상이 도마가 목적지와 관련하여 겪은 어려움이었습니다. 이제 그의 두 번째 어려움, 즉 그 목적지에 어떻게 이를 것인가 하는 고민을 살펴봅시다. 그리스도께서 말씀하신 요지는 이것입니다. "자, 도마야, 대답은 간단하다. 내가 곧 길이다." 예수께서 단순히 그 길을 알려 주시고 그 길에 대해 가르치시지 않았다는 점, 길을 찾을 방법을 지목하시지 않았다는 점에 다시 한 번 주목하기 바랍니다. 주님의 주장은 "내가 곧 길"이라는 것이었습니다. 그는 여기에서 멈추시지 않았습니다. 한 걸음 더 나아가 자신이야말로 아버지께로 나아가는 **유일한** 길이라고 하셨습니다. "나로 말미암지 않고는—나를 통하지 않고는—아무도 아버지께로 올 자가 없느니라." 이 또한 중대한 말씀입니다. 우리는 이 말씀을 직시해야 합니다. 이제 노골적인 주장을 하겠습니다. 우리에게는 이렇게 말씀하시는 나사렛 예수가 절대적으로, 반드시 필요합니다. 예수가 없으면 하나님을 알 수 없습니다. 예수가 없으면 하나님과 교통할 수 없습니다. "나로 말미암지 않고는" 그렇게 할 수 없다고 예수는 단언하십니다.

제가 이 점을 강조하는 것은, 주 예수 그리스도가 절대적으로 중요한 분이요 꼭 필요한 분임을 깨닫지 못하는 이들이 너무 많다는 것이야말로 세상의 가장 큰 비극이라고 생각하기 때문입니다. 최근에 하나님을 찾고 마음의 평안을 찾도록 도와준다는 책을 읽었습니다. 저는 이 저자가 예수 그리스도의 절대적인 필요성을 전혀 강조하지 않는다는 사실을 발견했습니다. 그러나 주님은 자신으로 말미암지 않으며 자신을 통하지 않고서는 그 누구도 하나님을 아버지로 알 수 없다고 단언하셨습니다.

베토벤 교향곡을 듣다가 하나님이 자신에게 다가오시는 놀라운 경험을 했다고 말하는 사람이 있습니다. 그는 그 황홀한 음악을 듣는 동안 이 같은 경험을 했고 하나님을 알게 되었다고 썼습니다. 자, 그가 그 경험을 통해 주 예수 그리스도의 절대적인 중요성을 깨닫지 못했다면 그것은 단순한 망상에 불과합니다. 그의 말처럼 하나님을 경험한 것이 아닙니다. 하나님의 아들이신 그리스도가 하나님께 이르는 **유일한 길**로서 중심을 차지하고 있지 않는 복음은 복음이 아닙니다.

이 점을 분명히 짚고 넘어갑시다. 사이비 경험이 있을 수 있습니다. 이 사람이 교향곡을 듣다가 어떤 경험을 했다는 말은 맞을 것입니다. 그러나 문제는 그것이 정말 하나님에 대한 경험이냐 하는 것입니다. 우리는 기막힌 일몰 장면을 보거나 훌륭한 시를 읽을 때 영혼이 이상하게 고양되는 듯한 느낌을 받습니다. 이런 식으로 기이하고 놀라운 경험을 했다는 글들을 얼마든지 찾아볼 수 있습니다. 또 어떤 이들은 근심이나 어려움이 있을 때 가만히 앉아 하나님의 음성에 귀를 기울이라고 권고하기도 합니다. 그렇게 앉아 하나님과 이야기를 나누다 보면 어떤 경험을 하게 된다는 것입니다. 아무 생각 없이 경건치 못한 삶을 살았던 과거를 회상하며, 자신이 예전에 어떻게 명성과 돈을 위해 살았고 가족과 그 밖의 것들을 위해 살았는지 책으로 엮은 사람이 있습니다. 그는 어느 날 문득 자신의 삶 전체가 잘못되었음을 깨달았고, 하나님의 음성을 듣기 시작했다고 썼습니다. 그래서 자신이 지금은 어떻게 하나님과의 관계 속에서 살고 있는지 알리려는 마음으로 자신의 삶에 대한 책을 썼다는 것입니다. 그러나 주예수 그리스도에 대한 이야기는 문자 그대로 단 한 번도 하지 않습니다. 제가 복음을 제대로 이해하고 있다면, 이 사람은 하나님과 아무런 관계가 없는 사람입니다. 하나님을 아버지로 알지 못하는 사람입니다.

이 점을 분명하고 확실하게 알아야 합니다. 우리는 절박한 시대, 긴박한 시대에 살고 있습니다. 하나님과 관계가 있다고 생각했는데 결정적인 순간에 모든 것이 망상이었음을 깨닫는 것보다 더 안타까운 경우를 저는 상상할 수가 없습니다. 이런 식으로 우리는 사이비 경험을 할 수가 있습니다. 사도 바울에 따르면 원수 마귀는 "광명의 천사"로 감쪽같이 가장합니다^{고후 11:14}. 마귀는 그리스도의 메시지와 여러분 사이를 가로막을 수만 있다면 무슨 짓이라도 마다치 않으며, 어떤 경험이라도 기꺼이 제공합니다. 주님은 "내가 곧 길이다. 나로 말미암지 않고는 아무도 아버지께 올 수 없다"라고 가르치셨습니다. 성령으로 충만해진 사도 베드로도 "천하 사람 중에 구원을 받을 만한 다른 이름을 우리에게 주신 일이 없"다고 말했습니다^{행 4:12}. 또 사도 바울은 고린도에 있었던 시절을 언급하면서 "내가 너희 중에서 예수 그리스도와 그가 십자가에 못 박히신 것 외에는 아무것도 알지 아니하기로 작정하였"다고 했습니다^{고전 2:2}. 두 사람은 유대인이었습니다. 하나님을 믿지 않은 적이 한 번도 없었습니다. 그러나 그리스도를 통하지 않고서는 하나님을 아버지로 알 수 없으며, 그가 계신 곳에도 이를 수 없고, 그와 영원히 함께할 수도 없다는 것을 그들은 알았습니다.

이것이 복음의 전적인 핵심입니다. 예수 그리스도는 유일하신 하나님의 독생자입니다. 그 영원하신 아들이 "육신이 되어 우리 가운데 거하"셨다는 것이 복음의 메시지입니다^{요 1:14}. 그는 어린 아기의 모습으로 와서 죄인들의 모순을 해결하셨으며 자원해서 십자가를 지셨습니다. 물론 피하려면 피하실 수도 있었습니다. 그러나 이 일은 반드시 해야 한다고 하셨습니다. 그렇지 않으면 자신을 보내신 하나님의 목적을 이룰 수가 없었기 때문입니다. 그래서 그는 고통을 당하셨습니다. 우리는 그가 땀을 핏방울처럼 흘리시는 모습과 거룩한 몸에 못질을 당하시는 모습을 봅니다. 그는 죽어 무덤에 장사되셨습니다. 그리고 다시 살아나셨습니다. 이제 여러분에게 묻겠습니다. 그가 이 모든 일을 겪으신 이유가 무엇입니까? 답은 오직 한 가지입니다. 이 모든 일이 절대적으로 필요했기 때문인 것입니다. 다른 방법이 없었습니다. 다른 방법이 있었다면 자신의 독생자가 굳이 이 모든 일을 겪도록 허락하셨겠습니까? 우리를 하나님 앞으로 이끄시려면 이 방법밖에 없었습니다.

여러분이 무슨 경험을 했든, 무슨 신비한 일을 겪었든, 그것이 무엇이든 기대지도 말고 의지하지도 마십시오. 물론 하나님이 그런 수단을 사용하실 수도 있다는 사실은 저도 인정합니다. 그런데 그것이 정말 하나님이 사용하신 방법인지 검증해 보아야 합니다. 그 일이 여러분을 그리스도께로 이끌어 주었습니까? 그의 오심과 삶과 죽음과 부활을 통해 여러분이 구원받았다는 사실을 깨우쳐 주었습니까?

주님이 여기에서 하시는 말씀이 바로 그것입니다. "나로 말미암지 않고는 아버지께로 올 자가 없느니라." "하나님과 사람 사이에 중보자도 한분이시니 곧 사람이신 그리스도 예수라"^{딤전 2:5}. 다른 길은 없습니다. 그가 없으면 우리는 전부 망한 인생이요 죽은 인생입니다. 다른 인물을 기웃거리거나 다른 길을 곁눈질할 필요가 없습니다. 하나님을 아버지로 알고 싶습니까? 여러분의 기도가 실제적인 것이 되기를 원합니까? 위기와 고통의 순간에 자신이 그의 손안에, 영원하신 품안에 있음을 느끼고 싶습니까? 좋습니다. 그렇다면 오직 하나님의 그리스도이신 예수만 바라보십시오.

주님은 이 말을 자세히 설명하시면서, 자신은 두 가지 중요한 측면에서 "길"이라고 말씀하셨습니다. 예수 안에는 우리가 얻을 수 있는 모든 지식이 들어 있습니다. 그는 "진리"입니다. 단순히 진리에 대해 말씀만 하시는 것이 아닙니다. 진리를 가르치거나 전하기만 하시는 것이 아닙니다. **그분 자신이 진리**입니다. 사도 바울은 그 안에 "지혜와 지식의 모든 보화가 감추어져" 있다고 했습니다^{골 2:3}. 어떤 이는 말할 것입니다. "좋습니다. 하나님을 아는 지식, 그를 아버지로 아는 지식이 정말 필요하다는 건 인정하겠습니다. 하지만 어떻게 그 지식에 이를 수 있지요? 철학자들을 찾아가거나 이런저런 책들을 읽어야 합니까? 신비한 일이 일어나기를 바라야 합니까?" 절대 그렇지 않습니다! 오직 복음서에 나타난 주 예수 그리스도만 바라보고, 그에게 나아가면 됩니다. 그가 "나를 본 자는 아버지를 보았거늘"이라고 말씀하신 것을 기억하십시오^{요 14:9}.

오, 사랑하는 여러분, '하나님'이 이해하기 힘든 개념이라는 것은 저도 압니다. 우리의 머리로 하나님의 크심과 영원하심과 위엄을 헤아리기란 어렵습니다. 그래서 우리는 "하나님은 너무 멀리 계신다"라고 말합니다. 빌립처럼 "아버지를 우리에게 보여주옵소서"

라고 요청합니다. 그러나 이 요청에 대한 대답은 이미 주어졌습니다. 하나님이 어떤 분이신지 알고 싶다면, 그의 성품을 알고 싶다면, 진리를 알고 싶다면 주 예수 그리스도를 보십시오. 그의 사랑과 자비와 긍휼과 인자를 보십시오. 언제나 기꺼이 사람들을 도우셨던 것을 보십시오. 그는 고통당하는 자를 그냥 지나치신 적이 한 번도 없었습니다. 항상 시간을 내서 축복해 주셨습니다. "나를 본 자는 아버지를 보았거늘." 하나님은 바로 이 아들 같으신 분입니다.

하나님을 원수로, 멀리 계신 엄청난 주권자로, 무서운 입법자로 생각지 마십시오. 그는 그리스도 같으신 분이며, 그리스도처럼 여러분을 대하시는 분입니다. 하나님에 대한 지식은 전부 그리스도 안에 들어 있습니다. 그리스도 없이는 하나님에 대해 아무것도 알 수가 없습니다. 여러분 자신에 대해 알아야 할 모든 것도 그리스도와 그의 가르침 안에 들어 있습니다. 그는 우리의 절박한 필요가 무엇인지 아주 분명하게 보여주셨습니다. 그는 "잃어버린 자를 찾아 구원하려"고 오셨습니다.[눅 19:10] 여러분과 하나님의 관계에 대해 알아야 할 것 또한 전부 그리스도 안에 들어 있습니다. 그는 진리입니다.

이 점을 다시 한 번 강조해야겠습니다. 그는 하나님과 바른 관계를 맺는 방법을 알려 주시는 지식과 진리 그 자체입니다. 아시다시피 하나님과 우리 사이를 가로막고 있는 유일한 장애물은 죄입니다. 지성이 하나님과 우리 사이를 갈라놓고 있는 것이 아닙니다. 죄가 가로막고 있는 것입니다. 죄가 장애물로 끼여 있습니다. 이것이 문제입니

다. 하나님은 저편에 계시고, 우리는 이편에 있습니다. "왜 나는 하나
님을 모르는 걸까요?" 바로 이 장애물 때문에 모르는 것입니다. 그런
데 이 장애물을 제거하는 유일한 방법은 주 예수 그리스도를 통해서
나아가는 것뿐입니다. 그는 나의 속죄 제물이 되기 위해 세상에 오셨
습니다. "곧 하나님께서 그리스도 안에 계시사 세상을 자기와 화목
하게 하시며……하나님이 죄를 알지도 못하신 이를 우리를 대신하
여 죄로 삼으신 것은 우리로 하여금 그 안에서 하나님의 의가 되게
하려 하심이라"^{고후 5:19, 21}. 그렇습니다. 여러분의 죄가 그에게 전가되
었고, 처리되었으며, 씻겨 나갔습니다. 이것을 믿으십시오. 이것으로
인해 감사드리십시오. 그러면 하나님을 아버지로 알게 될 것입니다.
그리스도는 "우리에게 지혜와 의로움과 거룩함과 구원함이 되셨"습
니다^{고전 1:30}. 바울은 교양 넘치는 그리스인들에게 말했습니다. "지혜
가 필요한가? 그리스도께 나아가라. 그는 하나님의 지혜. 너희에
게 필요한 지혜가 전부 그 안에 들어 있다." 그는 진리입니다.

　감사하게도 그는 **생명**이라는 점에서도 우리의 길이 되어 주십
니다. 나에게는 진리와 지식이 필요합니다. 그러나 생명과 힘도 필요
합니다. 자신이 죽어 있는 듯한 느낌, 영적인 생명이라고는 하나도
없는 듯한 느낌, 하나님이 저 멀리 계신 것만 같은 느낌이 어떤 것인
지 알고 있지 않습니까? 이런 상태로 어떻게 세상을 뚫고 나가겠습
니까? 자신이 이토록 연약하고 나약하게 느껴지는데 어떻게 하나님
과 교통하겠습니까? 이 의문에 대한 대답은 주님은 진리일 뿐 아니

라 생명이라는 것입니다. 이번에도 주님은 단순히 생명에 관한 말만 하시지 않습니다. 생명을 바로 주십니다. "그 안에 생명이 있었으니"요 1:4. 예수 안에는 생명이 있습니다. "신성의 모든 충만이 육체로" 거하고 있습니다골 2:9. 그렇기 때문에 여러분에게 무슨 생명이 필요하든 다 주실 수 있습니다.

그가 여러분을 죽음과 죄의 상태에서 깨워 일으켜 주실 것입니다. 새롭게 태어나게 하시며 새로운 생명과 본성을 주실 것입니다. 친히 여러분 안에 들어가 거하시며 여러분에게 힘을 주실 것입니다. 그의 말씀대로 그는 "포도나무"요 우리는 "가지"입니다요 15:5. 우리에게 필요한 수액과 영양과 힘과 생명이 다 그로부터 나옵니다. 모든 것이 그로부터 나와 여러분에게서 표출됩니다. 열매는 여러분이 맺지만, 그 열매를 만드는 생명은 주님 안에 있습니다. "너희가 나를 떠나면 아무것도 할 수 없다. 그러나 내 안에 거하면 모든 것을 할 수 있다"라고 주님은 말씀하십니다.

자신의 의지가 약한 것 같습니까? 힘이 다 빠진 것 같습니까? 주님이 여러분을 찾아오십니다. 여러분의 연약한 의지에 힘을 주시고 기력을 주십니다. 시험에 능히 맞서게 해주십니다. 장애물과 난관을 뛰어넘게 해주시며 능력으로 채워 주십니다. 이것이 주님의 약속입니다. 그는 생명입니다. 그가 여러분을 깨워 생명을 주시고, 하나님을 알게 하시며, 자신의 능력으로 채워 주십니다. 여러분의 인생 여정을 인도하며, 어떤 환경에서든 사도 바울처럼 "나는 자족하기를 배웠노니 나는 비천에 처할 줄도 알고 풍부에 처할 줄도 알아……내게 능력 주시는 자 안에서 내가 모든 것을 할 수 있느니라"라고 말하게 해주십니다[빌 4:11-13]. 포도나무에 꼭 붙어, 살아 계신 그리스도의 능력을 경험하는 가지에는 생명이 약동하게 되어 있습니다.

우리에게는 이 모든 것이 필요합니다. 영적인 생명과 힘과 능력이 필요하며, 잔인한 세상에서 우리를 기다리고 있는 모든 일들과 맞설 능력이 필요합니다. 그런데 이 모든 것이 그리스도 안에서 거저 주어진다는 것입니다. 죽음과 무덤 앞에 설 때에도 주님은 우리를 찾아와 "나는 부활이요 생명"이라고 말씀하십니다[요 11:25]. 그는 죽음과 무덤을 정복하신 분입니다. 음부를 멸하신 분입니다. 그렇기 때문에 죽음과 무덤을 통과할 때도 힘을 주실 수 있으며, 우리를 일으켜 썩지 않고 쇠하지 않는 곳으로 인도해 주실 수 있습니다. "내가 곧 길이요 진리요 생명이니 나로 말미암지 않고는 아버지께로 올 자가 없느니라."

여러분은 지금 그리스도 안에 있습니까? 그를 의지하고 있습니까? 그와 연합되어 있습니까? 여러분은 하나님을 알고 있습니까? 여러분의 아버지로 알고 있습니까? 그렇지 않다면 바로 지금 큰 소리로 그리스도를 부르십시오. 그를 바라보십시오. 그를 믿으십시오. 그에게 자신을 드리십시오. 이런 일들을 해달라고 요청하십시오. 그러면 그가 여러분을 아버지께로 인도해 주실 것입니다. 예수는 아버지께 이르는 유일한 길입니다.

8.

그보다 큰 일도
하리라

행 2:47

주께서 구원받는 사람을 날마다 더하게 하시니라.

이번에는 제가 평소에 설교하는 방식과 좀 다르게 설교하려 합니다. 일단 요한복음 14장 12절부터 마지막 절까지 나오는 메시지를 전체적으로 살펴보겠습니다. 제가 굳이 이렇게 하는 것은, 구주 되신 주님이 친히 제시하신 개요(概要)—십자가 죽음의 의미를 참으로 이해할 때 나타날 결과와 영향과 축복에 대한 개요—에 주의를 환기시키기 위해서입니다.

우리는 제자들이 낙담치 않도록 격려하신 후에 그들을 가르치신 내용을 살펴보았습니다. 이것이 주님의 위로 방식입니다. 주님은 절대 일반적인 위로를 주시지 않습니다. 그의 위로는 항상 진리와 교리에 기초하고 있습니다. 기독교 복음의 위로 방식이 사교나 심리학의 방식과 본질적으로 다른 점이 바로 이것입니다. 사교나 심리학은 단순히 위로 그 자체에 관심을 갖습니다. 그러나 주님은 더 크고 깊은 목적—진리를 숙지시키려는 목적—을 가지고 계십니다. 위로는 거기에 부수적으로 따라오는 것입니다. 진리에 기초하지 않은 위로를 신뢰하면 안 됩니다. 세상에는 우리를 위로해 주겠다는 것들이 많이 있습니다. 그러나 온전한 진리에 기초한 메시지만이 참된 위로요 실제적이고 지속적인 위로가 된다는 것이 우리의 주장입니다.

우리는 주님이 제자들에게 주신 가르침을 자세히 검토했습니다. "내가 곧 길이요 진리요 생명이니 나로 말미암지 않고는 아버지께로 올 자가 없느니라"라는 위대한 대답으로 도마의 의심을 해결해 주신 일과, 빌립 역시 이해를 못하는 바람에 그 말씀을 좀 더 자세히 설명 하셔야 했던 상황도 살펴보았습니다. 사도 빌립의 요지는 이것입니다. "주님은 지금 아버지께로 간다고 하시는데, 주님이—아니 누구라도—아버지를 우리에게 보여주시면 좋겠습니다." 그래서 주님은 다시 한 번 같은 이야기를 반복하셔야 했습니다. 주님은 말씀하셨습니다. "나를 본 자는 아버지를 보았거늘 어찌하여 아버지를 보이라 하느냐? 내가 아버지 안에 거하고 아버지는 내 안에 계신 것을 네가 믿지 아니하느냐? 내가 너희에게 이르는 말은 스스로 하는 것이 아니라. 아버지께서 내 안에 계셔서 그의 일을 하시는 것이라"[요 14:9-10]. 요컨대 "빌립아, 너는 내가 누구인지 모르겠느냐?"라는 것입니다. "자, 내가 하는 말을 못 믿겠으면 내가 하는 일을 보고 믿어라. 내가 네 앞에서 어떤 기적들을 행했는지 보아라"라는 것입니다[11절 참조]. 주 예수 그리스도를 믿는다는 것은 곧 그가 행하신 기적들을 믿는 것입니다. 그 기적들은 심리학적으로 설명이 되지 않습니다. 그는 말씀하십니다. "내가 너희 앞에서 행한 일들을 보고, 그것을 증거 삼아 내가 누구인지, 어떤 존재인지 깨달아라."

이것은 11절 끝부분에 나오는 말씀입니다. 이 말씀은 주 예수 그리스도의 인격과 그가 행하신 기이한 일들을 연결시키고 있습니다. 그가 행하신 기적은 그가 누구신지 보여주는 증거입니다. 그가 하신 말씀도 그가 누구신지 보여주는 증거입니다. 아, 그러나 무엇보다 중요한 증거는 이제부터 그가 하실 일, 즉 십자가에 죽으시고 장사되시고 부활하시고 승천하시는 일—위대한 속죄 사역—입니다.

이런 사실들에 동의하지 않는 사람에게는 지금부터 제가 강조하는 이야기가 무의미하게 들릴 것입니다. 반복하건대, 나사렛 예수야말로 하나님의 영원하신 독생자로서 성육신하여 몸을 입고 하늘에서 땅으로 내려오셨다는 사실, 처녀 마리아에게서 기적적인 방식으로 태어나셨다는 사실—이것은 기독교 설교의 본질적인 핵심입니다—을 분명히 알지 못하는 사람은 이 메시지에서 어떤 위로도 받을 수 없습니다.

마찬가지로 그의 십자가 죽음의 의미를 분명히 알지 못하는 사람에게도 이 메시지는 무의미하게 들릴 것입니다. 십자가 죽음의 의미야말로 모든 메시지의 기초가 되기 때문입니다. 앞서 살펴보았듯이 위대한 사도 바울은 고린도 교회에 편지를 쓰면서 이렇게 말했습니다. "내가 너희 중에서 예수 그리스도—하나님의 메시아이신 그리스도—와 그가 십자가에 못 박히신 것 외에는 아무것도 알지 아니하기로 작정하였음이라"^{고전 2:2}. 하나님이 그 아들을 보내 주셨습니다. 인간의 죄를 사하기 위해 예수 그리스도를 못 박아 매다셨으며, 인간을 의롭다 하기 위해 그를 다시 살리셨습니다. 이것이 복음 메시지입니다. 주님이 요한복음 14:1-11에서 말씀하시는 내용도 이것입니다.

그보다 큰 일도
하리라

그러나 제자들은 이 말씀만으로 만족하지 못했고, 그것은 우리도 마찬가지입니다. 우리에게 필요한 것이 더 있습니다. 주님은 제자들에게 그들의 최종 목적지를 알려 주셨습니다. 자신이 떠나시는 것은 바로 거기 이르게 하기 위함이라고 하시면서, 세상 끝날에 다시 와서 그들을 영접하겠다고 약속하셨습니다. 그러나 문제는 그가 물리적으로 떠나 계신 동안 제자들은 계속 세상에서 살아 나가야 한다는 데 있었습니다.

그들은 생각했습니다. '주님의 말씀이야 전부 믿지. 하지만 이 세상에서 살아가는 동안 무슨 일이 생길지 알아? 우리는 계속 남아서 살아야 하잖아. 당장 지금부터 죽는 날까지, 주님이 다시 오셔서 마침내 우리를 영접해 주실 그날까지 무슨 일이 생길지 아느냐고?' 이것은 지극히 당연한 질문입니다. 과연 복음에는 천국에 있는 아버지 집에 이르게 해준다는 약속밖에 없는 것일까요?

주님은 자신이 죽었다가 다시 살아나신 후에 나타날 더 중요한 결과를 알려 주심으로써 이 질문에 대답하십니다. 그 놀라운 결과에 대한 이야기가 14장 말미에 나옵니다. 주님은 그 결과를 알면 자신이 떠나는 것을 슬퍼하기는커녕 오히려 기뻐할 것이라고 하셨습니다! "내가 갔다가 너희에게로 온다 하는 말을 너희가 들었나니 나를 사랑하였더라면 내가 아버지께로 감을 기뻐하였으리라. 아버지는 나보다 크심이라"[28절]. 주님은 마치 다음과 같이 말씀하시는 듯합니다. "너희가 내 말을 이해하기만 하면 내가 떠나는 것을 오히려 기뻐할 것이다. 내 말을 분명히 파악하지 못하고 이해하지 못하기 때문에 근심하는 것이다." 주님은 연이어 자신이 물리적으로 그들과 함께 있느냐 아니냐는 전혀 중요치 않다고 말씀하셨습니다. 그리고 다음과 같은 이유로 떠나는 편이 더 유익하다고 설명하셨습니다. 주님은 16장에서 다시 한 번 이 점을 짚어 주십니다. "내가 떠나가는 것이 너희에게 유익이라. 내가 떠나가지 아니하면 보혜사가 너희에게로 오시지 아니할 것이요 가면 내가 그를 너희에게로 보내리니"[7절]. 그가 떠나시는 것이야말로 그들에게 **유익한** 일이요 좋은 일이라는 것입니다. 이보다 더 좋은 일이 없다는 것입니다. 그러니까 "기뻐하라"라는 것입니다.

이것은 이중의 메시지입니다. 첫 번째 측면은 이것입니다. 우리는 그리스도의 죽음을 어떻게 바라봅니까? 그가 죽으신 의미와 목적이 무엇이라고 생각합니까? 우리도 제자들과 똑같은 잘못을 저지르고 있는 것은 아닌지 모르겠습니다. 주 예수 그리스도를 육안으로 뵙지 못했다는 이유로, 육신의 모습을 직접 뵙지 못했다는 이유로 무언가 특권을 놓친 것처럼 느낄 때가 자주 있지 않습니까? '제자들이 살던 시대에 나도 한번 살아 봤으면' 하고 바랐던 적이 없습니까? '빌립이나 도마처럼 물리적으로 주님과 함께 있었다면 이렇게 상황이 어렵진 않았을 텐데. 모든 게 환하게 이해되었을 텐데'라고 생각했던 적이 없습니까? 우리는 제자들이 우리보다 유리한 입장에 있었던 것처럼 생각합니다. 그러나 그것은 아주 어리석은 생각입니다. 오늘 본

그보다 큰 일도
하리라

문과 복음서 곳곳에서 주님이 친히 가르치신 바를 부인하는 생각이
며 완전히 잘못된 생각입니다.

그 증거를 대 보겠습니다. 아시다시피 여기 나오는 도마는 부활
후에도 자기 눈으로 주님을 뵙지 않는 한 다른 제자들에게 나타나셨
다는 말을 못 믿겠다고 했습니다. 그리고 다시 오신 주님을 뵙고서야
비로소 "나의 주시요 나의 하나님이시니이다"라는 위대한 고백을
했습니다. 그러나 그때 그리스도께서 뭐라고 하셨는지 기억할 것입
니다. "보지 못하고 믿는 자들은 복되도다"^{요 20:29}. 꼭 물리적으로 그분
을 뵐 필요가 없습니다. 오히려 바울은 "비록 우리가 그리스도도 육
신을 따라 알았으나 이제부터는 그같이 알지 아니하노라"라고 했습
니다^{고후 5:16}. 육안으로 뵙는다고 해서 도움이 되는 것이 아닙니다. 오
히려 육신을 입으신 주님을 뵌 사람들은 그를 평범한 인간으로 여겨
"없이 하소서, 없이 하소서, 그를 십자가에 못 박게 하소서"라고 소
리쳤습니다. 또 직접 그의 가르침을 받은 제자들도 이렇게 이해하지
못하고 헤맸습니다. 그러니 육안으로 그를 뵙는 편이 더 좋다는 생각
은 이제 치워 버립시다.

우리는 그의 죽음을 어떻게 바라보고 있습니까? 단순히 큰 비극
으로만 여기고 있습니까? 제자들과 비슷한 태도로 바라보고 있습니
까? "이렇게 위대한 선생을 못 박아 버리다니 참 어리석다! 나이도
그리 많지 않았는데. 그렇게 죽이지만 않았어도 30년은 더 살면서
고귀한 가르침을 주었을 것을. 이런 인물이 그토록 이른 나이에 요절

했다는 건 정말 큰 비극이다!"라고 끌탕을 하면서 심란해하는 이들이 있습니다. 또 어떤 이들은 그렇게 요절했어도 가르침은 남았으니 다행이라고 말하기도 합니다! 근심에 빠진 제자들도 비슷한 생각을 했습니다.

이 모든 내용을 요약하기 위해 한 가지 질문을 드리겠습니다. 주님이 이렇게 죽으신 결과가 정말 무엇인지 알고 있습니까? 그가 떠나신 후에 뒤따라온 축복이 무엇인지 알고 있습니까? 그가 자발적으로 떠나신 목적이 바로 여기 있음을 알고 있습니까? 감히 말하건대, 하나님의 아들이 갈보리 언덕에서 죽으신 이 일이야말로 세상 어떤 일보다 우리에게 좋은 일임을 알고 있습니까?

한 사람이 몇 년 전에 저에게 던진 질문이 생각납니다. "저, 수난일Good Friday을 왜 **좋은** 금요일이라고 하는지 모르겠습니다. 오히려 **악한** 금요일이나 **비극적인** 금요일이라고 해야 하지 않나요? 인류 역사상 최악의 사건이 벌어진 날인데 **좋은** 금요일이라고 부르다니요." 이것은 유익한 질문입니다. 수난일을 왜 좋은 금요일이라고 부르는지, 그날이 왜 다른 날보다 좋은 날인지 알고 싶습니까? "없이 하소서"라고 외친 사람들, 그를 죽인 사람들은 예외지만, 그 밖의 사람들에게는 그날 일어난 일이 지금까지 일어난 어떤 일보다 놀라운 일이기 때문입니다. 좋은 금요일, 영광스러운 금요일이라고 부르는 것이 맞습니다!

여러분, 이것은 이론적인 질문이 아닙니다. 아주 현실적인 질문입니다. 이 위대한 장을 함께 고찰하면서 죽 지적해 왔듯이, 오늘날 세상 사람들에게 가장 필요한 것은 마음의 평안입니다. 그렇기 때문에 이 질문이 중요한 것입니다. 우리는 근심하고 있습니다. 세상이 근심하게 만들고 있습니다. 상황의 심각성을 알리는 소식들이 날마다 들려옵니다. 이처럼 사건 사고가 끊이지 않고 불길한 예고가 난무하는 가운데서 마음의 안식을 얻는 것이야말로 모든 이가 바라는 바입니다. 그런데 그 안식을 얻을 수 있는 최고의 해결책, 유일한 해결책이 여기 있습니다. "나를 믿어라"라고 그리스도는 말씀하십니다. "이제부터 내가 하려는 일을 믿어라. 인생은 영원한 세계로 나아가는 여정임을 깨달아라. 내가 다시 와서 너희를 영접할 것을 믿어라. 이것을 믿어라. 그러면 무슨 일이 닥치든 너의 영원한 운명은 안전할 것이다."

여러분은 물을 것입니다. "좋습니다. 하지만 **지금 당장**은 어떻게 하지요? 당장 오늘은 어떻게 살아가야 합니까? 환난을 어떻게 극복해야 합니까?" 여기 그 대답이 있습니다. 주님이 친히 여러분이 있는 자리로 찾아오십니다. 주님은 우리의 궁극적인 운명만 알려 주시지 않습니다. 현재의 일과 가까운 장래의 일도 준비시켜 주십니다. 그러니 이 위대한 장의 12절부터 이어지는 본문을 살피면서, 죽음과 부활과 승천의 결과가 무엇인지 알아보기로 합시다.

그는 여러 가지 사실을 알려 주고 계십니다. 첫째, 그의 일은 그가 떠나신다고 중단되는 것이 아니라 오히려 더 확장될 것입니다.

"내가 진실로 진실로 너희에게 이르노니 나를 믿는 자는 내가 하는 일을 그도 할 것이요 또한 그보다 큰 일도 하리니 이는 내가 아버지께로 감이라"[12절]. 얼마나 놀라운 말씀입니까! 제자들이 주님보다 더 큰 일을 한다는 것입니다. 그렇습니다. 이 한 무리의 사람들은 주님을 어느 정도 알고 있었습니다. 그는 굉장한 분이라고, 그의 가르침은 비할 데 없이 훌륭하다고, 그는 완벽한 지도자라고 생각했습니다. 그래서 위대한 시대가 열릴 것을 기대했습니다. 그런데 돌연 주님이 "나는 떠난다"라고 하신 것입니다. 그들은 말했습니다. "주님이 떠나시면 주님의 일도 다 끝나 버리겠네요. 주님이 떠나시는데 어떻게 주님의 일이 계속되겠습니까?" 그러나 주님의 대답은 "그보다 큰 일도 하리니 이는 내가 아버지께로 감이라"라는 것이었습니다.

여기에서 "큰 일"은 물리적인 기적을 가리키는 말이 아닙니다. 사도들은 그리스도가 친히 행하신 기적보다 더 큰 기적을 행하지 못했습니다. 주님이 지금 말씀하시는 것은 질적인 기적입니다. 주님은 자신의 권위를 입증하는 물리적인 기적을 행하셨지만, 주님을 믿는 자들은 "그보다 큰 일"—오순절 이후에 일어난 영적인 기적, 사도행전과 이후 교회사에 기록된 영적인 기적—을 행한다는 것입니다. 이런 생각을 해본 적이 있습니까? 우리는 이 부분에서 그리스도의 죽음을 오해하는 경향이 있는데, 이런 오해가 생기는 이유는 항상 똑같습니다. 그가 누구시며 왜 죽으셨는지 분명히 모르기 때문인 것입니다. 그 당시 제자들처럼 주님을 단순히 한 인간으로만 생각하면 그의 죽음을 이해할 수가 없습니다. 단순히 그의 가르침에만 집중해도 이해할 수가 없습니다. 그러나 그 죽음의 의미를 이해하면 상황이 완전히 바뀌어 버립니다.

다음과 같이 설명해 보겠습니다. 요한복음 12장에는 그리스인 몇 사람이 예수를 만나러 오는 이야기가 나옵니다. 그러나 전갈을 받으신 주님은 그들을 만나시는 대신, 중대하고 심오한 말씀을 하셨습니다. "내가 땅에서 들리면 모든 사람을 내게로 이끌겠노라"[32절]. 어떻게 보면 한 선생의 모습으로 땅 위에 계신 동안에는 유대인의 메시아에 불과하다고 할 수 있었고, 실제로 그런 오해를 받기도 했습니다. 그런데 지금 그가 말씀하시는 요지는 이것입니다. "지금은 저들을 만날 수 없다. 만나도 소용이 없기 때문이다. 나는 죽음으로써 세상의 구주이자 인류의 구주가 될 것이다."

어떻게 보면 주님이 여기에서 말씀하시는 바가 바로 이것입니다. 삼가는 마음으로 감히 반복하건대, 인류 전체를 구원하시는 주님의 진정한 사역은 십자가 이후에 이루어졌습니다. 주님은 이미 그 말씀을 하셨습니다. 그러나 제자들은 이해하지 못했습니다. 연이어 죽음과 부활에 대한 이야기도 하셨지만, 전혀 깨닫지 못했습니다. 그들이 이 말씀을 이해한 것은 성령으로 충만해진 오순절 이후였습니다. 죄와 더러운 것을 씻는 샘이 갈보리 언덕에서 터졌습니다. 그는 나무에 달려 인류의 죄를 몸에 지심으로 세상의 구주가 되셨습니다. 이 일이 일어난 후에야 비로소 샘물이 흘러 나왔습니다. 큰 수원(水原)

이 뚫리고 샘물이 솟구쳐 나와 온 세상을 풍성하게 만들었습니다.

이것은 역사가 입증하는 사실입니다. 복음서의 이야기를 보십시오. 비할 데 없이 훌륭한 설교자, 놀라운 선생, 기적을 행하던 한 사람이 있었습니다. 그런데도 그를 따르는 자는 불과 얼마 되지 않았습니다. 그리고 그 가까운 추종자들조차 결국은 그를 거부하고 떠나 버렸습니다. 그는 십자가 위에서 횡사했고, 조롱하는 자들은 그가 실패했다고 말했습니다. 그런데 그 후에 시몬 베드로—너무나 충동적이어서 신뢰하기가 힘들었던 사람—가 예루살렘에서 단 한 번의 설교로 3,000명을 회심시켜 구원하는 일이 일어났습니다. 오, 그렇습니다. "또한 그보다 큰 일도 하리니 이는 내가 아버지께로 감이라."

십자가 죽음이 먼저 있어야 했습니다. 그 죽음이 반드시 선행되어야 했습니다. 십자가 죽음이 없었다면 구원도 없었을 것입니다. 십자가 죽음이 먼저 있었고, 그 후에 성령의 능력이 임하여 그 죽음을 적용하셨습니다. 예수가 떠나셨다고 그의 일까지 끝난 것은 아니었습니다. 오히려 그가 떠나심으로써 그의 일은 훨씬 더 크고 놀랍게 지속되고 실행되었습니다. 오순절 날, 3,000명의 새 신자가 그의 나라로 밀려들어 왔습니다. 베드로가 가이사랴의 이방인에게 보냄을 받았고, 마침내 구원의 문이 활짝 열려 이방인들이 끝없이 밀려들어 왔습니다. 복음이 온 세계로 퍼져 나갔습니다. "그보다 큰 일을 하리니." 이처럼 그리스도의 십자가 죽음은 하나님의 크고 영광스럽고 놀라운 축복을 우리에게 가져다주었습니다.

두 번째 요점은 그가 우리 기도를 도와주신다는 것입니다. "너희가 내 이름으로 무엇을 구하든지 내가 행하리니 이는 아버지로 하여금 아들로 말미암아 영광을 받으시게 하려 함이라. 내 이름으로 무엇이든지 내게 구하면 내가 행하리라"요 14:13-14. 이것은 아무리 오래 살펴보아도 충분치 않을 말씀입니다! 하지만 여러분을 위해 요약해서 설명해 보겠습니다. 풀이 죽은 제자들은 "어려운 순간마다 주님을 의지했는데 이제 그가 떠나시면 어떻게 하지? 항상 주님이 결정을 내려 주셨는데, 이젠 의지할 데가 없네"라고 했습니다. 이에 대한 주님의 대답은 이것이었습니다. "이 어리석은 자들아, 나한테 기도하면 되지 않느냐? 나는 아버지와 함께 있을 것이다. 너희 기도를 받는 위대한 대제사장이 되어 너희와 함께하면서, 너희가 내 이름으로 구하는 바를 이루어 줄 것이다."

이것은 지금 우리에게도 해당하는 메시지입니다. 주님을 분명하게 아는 사람, 그의 인격과 사역과 행하신 일을 분명하게 아는 사람, 자기 죄가 사함 받은 사실과 자기가 그리스도인이라는 사실을 분명하게 아는 사람에게 주님은 무엇이 필요하든 나아오라고 하십니다. 여러분, 지금 어떤 자리에 있든지 확신을 가지고 나아가십시오. 그가 여러분과 함께해 주실 것이며, 그 자리에 함께해 주실 것입니다. 주님의 요지는 이것입니다. "나한테 말해라. 내가 여기 있지 않느냐? 내가 너희 간구를 받아 아버지께 바치겠다." 상상하기도 끔찍한 일들에 직면해야 하는 사람들에게 이 얼마나 놀라운 약속입니까?

여러분은 이 약속을 받아들일 준비가 되어 있습니까? 살다 보면 자기 혼자만 남아 누구의 도움도 받을 수 없는 절박한 때가 온다는 것을 모릅니까? 그럴 때 여러분이 할 수 있는 일이 무엇입니까? 하나님의 자녀여, 주님께 아뢰십시오. 그가 계시지 않습니까? 그리스도는 바로 이런 확신을 주기 위해 떠난다고 하셨습니다. 그가 여러분을 위해 죽으셨습니다. 그가 여러분을 하나님의 자녀로 삼아 주셨습니다. 이제 여러분은 그의 자녀로서 확신을 가질 수 있습니다. 하나님이 아버지이심을 알기에 그리스도의 이름으로 나아가 기도할 수 있습니다. 그리스도는 여러분의 간구를 들어주겠다고 약속하셨습니다. 저는 이보다 더 영광스럽고 놀라운 약속을 생각할 수가 없습니다.

그다음으로 주님이 하신 말씀은 이것입니다. 주님이 떠나신다고 해서 더 이상 그들 안에서 일하시지 않는 것이 아니며, 그들을 위해 일하시지 않는 것도 아닙니다. 성령을 주신다는 위대한 약속이 있기 때문입니다. "내가 아버지께 구하겠으니 그가 또 다른 보혜사를 너희에게 주사 영원토록 너희와 함께 있게 하리니 그는 진리의 영이라. 세상은 능히 그를 받지 못하나니 이는 그를 보지도 못하고 알지도 못함이라. 그러나 너희는 그를 아나니 그는 너희와 함께 거하심이요 또 너희 속에 계시겠음이라"16-17절. 이 또한 놀랍고도 기이한 말씀입니다. 이 말씀의 의미를 알겠습니까? 제자들은 서로 쳐다보며 말했습니다. "이제 주님이 떠나시면 아무도 우리를 가르쳐 줄 사람이 없잖아. 3년 동안 굉장한 가르침을 받았는데, 이렇게 갑자기 끝나 버리다니. 주님의 말씀을 다 기억하지도 못하고 앞으로 더 들을 기회도 없으니, 이제 어떻게 하지?"

이에 대해 주님이 대답하신 요지는 이것입니다. "불안해하지 마라. 내가 떠나는 건 너희에게 성령을 보내 주기 위해서다. 그는 너희와 함께하실 뿐 아니라 너희 안에 머무실 것이다. 이 편이 너희에게는 더 유익하다. 나는 너희 밖에 있는 선생이었지만, 내가 보낼 이는 너희 안에 거할 선생이시기 때문이다. 그가 내 말을 전부 상기시켜 주실 것이다. 너희를 더 깊은 진리로 인도해 주실 것이며 그 진리를 설명해 주실 것이다. 너희가 깜짝 놀라며 기이히 여길 지식의 원천이 너희 안에 생길 것이다." 그렇기 때문에 그가 떠나시는 편이 더 유익하다는 것입니다. 성령이 믿는 자 안에 임하십니다. 선생이 우리 안에 상주하십니다. 우리에게 새로운 지각이 생깁니다.

이것은 사도 바울의 큰 주제이기도 했습니다. 굉장한 머리와 지성의 소유자였던 바울은 고린도전서 2장에서 "세상 사람은 십자가와 보혈의 도를 이해하지 못하며, 오히려 미련하게 여긴다"라고 말했습니다. 육에 속한 유한한 머리로 이해하려 들면 당연히 그럴 수밖에 없습니다. 사람은 그것을 이해하지 못합니다. 그러나 "성령은 모든 것 곧 하나님의 깊은 것까지도 통달하"십니다. 우리는 "세상의 영을 받지 아니하고 오직 하나님으로부터 온 영을 받았"습니다. "이는 우리로 하여금 하나님께서 우리에게 은혜로 주신 것들을 알게 하려 하심"입니다[10, 12절]. 주님이 누구신지 확실히 몰라 헤매고 있는 제자들의 모습, 부활을 이해하지 못해 헤매고 있는 제자들의 모습을 보십시오. 오, 얼마나 절망하고 있으며 낙담하고 있습니까! 이번에는 사도행전에서 성경을 설명하는 그들의 모습을 보기 바랍니다. 그들이 예수 그리스도를 얼마나 잘 알고 있는지, 죽음과 속죄의 의미를 얼마나 잘 이해하고 있는지 보십시오. 새로운 지각으로 충만해져서 설교하고 편지를 쓰며 사람들을 가르치는 모습을 보십시오. 이런 변화를 가능케 한 것이 바로 성령의 부으심이요 성령의 기름부음이었습니다. 예수는 그 기름부음을 약속하셨고, 그 약속을 지키셨습니다.

이제껏 말한 모든 것이 잘 이해되지 않는 분들은 주님의 이 약속을 있는 그대로 받아들이십시오. 그를 믿고 성령을 구하십시오. 그러면 주실 것입니다. 자신이 빈털터리요 실패자임을 인정하십시오. 성령의 기름부음을 구하십시오. 그러면 성령이 오시고 지각이 생기면서 이제껏 이해되지 않던 것들이 이해되기 시작할 것입니다. 얼마나 굉장한 약속입니까! 역사의 진행 과정을 성령이 이해시켜 주십니다. 이제는 세상을 보며 놀랄 필요도 없고, 전쟁이나 전쟁의 소문 앞에 놀랄 필요도 없습니다. 모든 시대에 걸쳐 하나님의 계획이 펼쳐지고 있음을 알기 때문입니다. 성령의 부으심과 기름부음이 있으면 역사의 끝도 내다볼 수 있습니다. 여러분은 이 모든 것을 이해하고 있습니까? 아니면 아직도 이해하기 위해 이 선생 저 선생 찾아다니며 이 책 저 책 들추고 있습니까? 여러분에게 필요한 것은 바로 이 한 가지입니다. 성령만 계시면 다 이해할 수 있습니다.

마지막으로, 주님은 자신이 떠나야 더 실제적인 의미에서 그들과 함께할 수 있다고 하셨습니다. "내가 너희를 고아와 같이—위로 없이—버려두지 아니하고 너희에게로 오리라. 조금 있으면 세상은 다시 나를 보지 못할 것이로되 너희는 나를 보리니 이는 내가 살아 있고 너희도 살아 있겠음이라"18-19절. 그리고 이어지는 놀랍고도 엄청난 말씀은, 주님이 아버지와 함께 신자들의 삶 속에 찾아와 거하신다는 것입니다23절. 주님이 말씀하신 요지는 이것입니다. "너희가 참으로 이 모든 것을 이해한다면, 내가 떠난다는 말에 오히려 기뻐할 것이다. 왜 그렇겠느냐? 내 육신이 물리적으로 떠난다는 것은 내가 곧 다시 와서 예전처럼 너희 곁에 머무는 것이 아니라 아예 너희 속에서 산다는 뜻이기 때문이다. 나는 너희 **안에** 거할 것이다."

우리는 이 놀라운 교리를 이해하기가 힘듭니다. 그러나 이것은 사실입니다. 바울은 "이제는 내가 사는 것이 아니요 오직 내 안에 그리스도께서 사시는 것이라"라고 했습니다갈 2:20. 그리스도는 말씀하십니다. "볼지어다, 내가 문 밖에 서서 두드리노니 누구든지 내 음성을 듣고 문을 열면 내가 그에게로 들어가 그와 더불어 먹고 그는 나와 더불어 먹으리라"계 3:20. 이 모든 내용을 분명하게 이해하지 못하는 제자들에게 주님은 "오, 내가 떠난다고 해서 근심하지 마라"라고 하셨습니다. "나는 지금 너희를 영영 떠나는 게 아니다. 다시 와서 너희 안에서 살 것이다." 이것은 기독교 복음이 주는 최고의 제안이자 최고의 축복입니다. 이 모든 것을 믿고 거기에 자신을 맡기면 하나님이 찾아와 우리 안에 거하신다고, 그리스도가 우리 마음을 거처로 삼으신다고 복음은 이야기합니다. 무슨 일이 닥치든, 세상이 무슨 짓을 하든, 무엇을 우리에게서 빼앗아 가든, 어떤 재앙이 우리를 덮치든 그가 항상 함께하십니다. 그가 우리 안에 영원히 거하겠다고 약속하셨습니다. 전에는 육신으로 왔다가 떠나셨지만, 이제는 영으로 오셔서 우리 안에 거하십니다.

자, 여러분은 어떠신지 모르겠지만 저는 요한복음 14장을 읽고 연구하기를 마치면서, 저 거룩하고 위대한 성도 허드슨 테일러가 평생 하루도 거르지 않고 드렸던 기도를 저도 드려야겠다고 생각했습니다. 그가 죽은 후, 종이 한 장으로 된 일종의 책갈피가 성경에 꽂혀 있는 것이 발견되었습니다. 그는 날마다 그 책갈피를 옮겨 가며 성경을 읽었습니다. 거기에는 기도문이 적혀 있었습니다. 저는 그것이야말로 우리가 늘 드려야 할 가장 중요한 기도라고 생각합니다.

주 예수여, 저에게
생생하고 환한 실재가 되어 주소서.
예민한 믿음의 눈으로,
외부의 어떤 것보다 당신을 더 가까이 보게 해주소서.
세상에서 가장 아름다운 사이보다
저와 더 가깝고 친밀한 사이가 되어 주소서.

하나님의 그리스도가 자기 안에 거하심을 확실히 아는 사람, 바울처럼 "그리스도께서 내 안에 사신 것"이라고 말할 수 있는 사람은 역시 바울처럼 그 무엇도 "우리를 우리 주 그리스도 예수 안에 있는 하나님의 사랑에서 끊을 수 없"다고 고백할 것입니다^{롬 8:39}. 우리는 그에 관한 사실을 믿고 그를 믿을 뿐 아니라 그를 **알아야 하며** 경험해야 합니다. 그의 영원하고 불가사의한 생명이 우리 안에 있음을 경험해야 합니다. 그보다 못한 수준에 만족하는 것은 잘못된 태도이고, 비성경적인 태도이며, 더 나아가 악한 태도입니다. 그는 단순히 우리를 용서하기 위해 죽으신 것이 아닙니다. 우리 안에 와서 살려고 죽으신 것입니다.

오, 그가 여러분 안에 거하시는지 확인하십시오. 그가 안에 거하시면 여러분은 마음에 근심하지 않을 것이며 두려워하지 않을 것입니다.